STOP
TEARING

反撕裂

化解冲突，决胜未来

蔺雷 吴家喜 ◎著

机械工业出版社
China Machine Press

图书在版编目（CIP）数据

反撕裂：化解冲突，决胜未来 / 蔺雷，吴家喜著. -- 北京：机械工业出版社，2022.7
ISBN 978-7-111-71116-2

I. ①反… II. ①蔺… ②吴… III. ①企业管理 - 研究 - 中国 IV. ① F279.23

中国版本图书馆 CIP 数据核字（2022）第 114555 号

反撕裂：化解冲突，决胜未来

出版发行：	机械工业出版社（北京市西城区百万庄大街 22 号　邮政编码：100037）
责任编辑：	华　蕾　闫广文
责任校对：	殷　虹
印　　刷：	涿州市京南印刷厂
版　　次：	2022 年 8 月第 1 版第 1 次印刷
开　　本：	147mm×210mm　1/32
印　　张：	6
书　　号：	ISBN 978-7-111-71116-2
定　　价：	69.00 元

客服电话：（010）88361066　88379833　68326294　　投稿热线：（010）88379007
华章网站：www.hzbook.com　　读者信箱：hzjg@hzbook.com

版权所有·侵权必究
封底无防伪标均为盗版

谨以此书献给
在撕裂中昂扬前行的孤勇者

本书核心知识点一览

撕裂是企业逆势成长的好机会

- 企业成长力指企业成长的能力和潜力。
- 企业成长力与内部撕裂度成反比,与外部生态韧性成正比。
- 克服内部撕裂是企业成长的底层逻辑。

企业经常遭遇四类撕裂

- 利益撕裂,是利的善与恶之争。
- 价值观撕裂,是底层认知的冲突。
- 能力撕裂,是能力僵化的恶果。
- 沟通撕裂,是认知不对称的结果。

提升五力来反撕裂

提升格局力

- 理念：摒弃机会主义、效率主义、本位主义和独享主义，才能树立大格局意识。
- 方法，具体有三种。

  方法一：战略远见，选择走得更远的人。

  方法二：财散人聚，善于让利、互利共生。

  方法三：价值正道，用价值观塑造强大组织。

形成前置力

- 理念：树立超前管理意识，形成"预复盘"思维。
- 方法，具体有三种。

  方法一：防微杜渐式前置，即当企业出现微小问题时就要引起警觉。

  方法二：冗余式前置，包括资源冗余管理、组织冗余管理、能力冗余管理。

  方法三：价值观前置，即用价值观招人。

培育和解力

- 理念：当撕裂发生时，要形成一种接纳和正视思维。
- 方法，具体有三种。

  方法一：自我和解，千万别否定自己，用"三把钥匙"搞定。

方法二：组织和解，包括第一时间坦诚沟通、有选择地回避与迁就、顾全大局地短期退让。

方法三：社会和解，包括阿拉善模式、"互联网＋公益"模式、社会创新。

练就止损力

- 理念：企业最高级的活法是止损，敢于止损和善于止损是关键。
- 企业撕裂时，有六种方法可以止损。

    方法一：个人直觉法，顺应个人直觉迅速止损，不要逆直觉。

    方法二：简单指标法，依据经验选择一两个核心指标决策。

    方法三：时间节点法，设定关键时间节点考核指标加以判断。

    方法四：逆向判断法，运用逆向思维确定止损底线指标。

    方法五：预估时间法，预估自己能承受的最大时间成本。

    方法六：S 曲线法，利用技术和增长的 S 曲线发展阶段进行判断。

- 止损后有三种策略：清零、激活休克鱼、快速收缩。

强练修复力

- 理念：企业出现裂痕不可怕，用硬核的内生修复力去搞定它。

- 方法，具体有四种。

  方法一：空降兵修复，利用降维打击迅速解决内部冲突。

  方法二：内创业修复，激发内生活力，实现主业快速扩张。

  方法三：自我颠覆式修复，居安思危、不破不立。

  方法四：回归初心式修复，包括创始人回归、拒绝盲目扩张、拒绝利益诱惑、内部教育和整风。

序
在撕裂中奋勇前行

2021年6月的一个深夜，我骑着单车急匆匆地去影院看了一部电影《九零后》——因为排片太少，我怕错过难得的机会。

由于缺乏宣传，单看名字，很多人以为这是一部讲年轻人的电影，实则不然。它讲述的是西南联合大学师生在战争年代如何教书救国、读书报国的故事，电影主角是16位平均年龄超过96岁的"90后"专家学者，包括杨振宁、许渊冲、潘际銮、杨苡、王希季、马识途等。

整个影厅只有寥寥数人。我生怕自己落泪，躲在最后一排。

这不是一部商业大片，而是一部情怀大片，那一段段真实的回忆不仅感人至深，更令人深思：这些"90后"，在那样一个战火纷飞、人人自危的年代，为何不撕裂、不忙乱，反倒那么镇定从容并有所成就？（看看如今的我们，身处和平年代却常常焦虑、烦扰，动不动就"躺平"……）这才是《九零后》这部片子真正让我感到震撼的地方。

后来，我逐渐找到了答案：因为他们的个人小目标与国家大目标一致，他们的个体命运与民族命运相连，所以他们终能抵抗住各种压力、诱惑并在迷茫中追逐亮光。

然而，年轻时的他们在面临抉择时，也曾矛盾、彷徨，也曾自我撕裂，但最终选择了站在时代一边，确立了人生目标，由此实现了人生正向和有意义的成长。

这，就是反撕裂。

其实，谁不撕裂啊！

当一个人有多个目标或多个需求时，他一定会撕裂，因为欲求不满；

当一家企业的目标与宏观大势不符时，它也一定会撕裂，因为逆势而为；

当一对恋人缺乏共同的爱情目标时，他们大概率会撕裂，因为少了动力；

当一对夫妻没有靠谱的家庭前景时，小家终将破裂，因为没有未来。

是的，撕裂是常态，不撕裂才是偶态。

对于个人来说，撕裂是内心里两个自己的争斗；**对于一个组织来说，撕裂就是组织的抑郁症**。如果任由小撕裂发展，必定会造成大损失；如果任由抑郁症发作，只会让组织跌入深渊。

患上抑郁症的企业有三种表现：一是内部冲突和外部矛盾增

多,并且愈演愈烈;二是内部强烈地自我否定,企业渐失生机,无法自拔;三是昏招儿频出,最终走向死局。

抑郁症不可怕,可怕的是深陷其中无法自拔;撕裂不可怕,可怕的是无法正确应对。

该如何对抗组织的撕裂,而不是被撕裂吞噬肌体?该如何治愈组织的抑郁症,而不是被抑郁症耗尽能量?影片中一群"90后"依靠朴素的信念、大义的情怀,找到了与国家目标一致的个人目标,从而实现了自我管理,那么企业该如何管理自己的撕裂?回答这些问题,正是我们写这本书的初衷和终极目标。

首先,必须管理撕裂。

企业必须管理撕裂而非任其发展。如果不管理撕裂,即使在其他方面做得再好,企业也无法真正实现良性成长,而只会"虚胖"并成为一盘散沙。于是,我们在书中提出了**企业成长力公式**。这个公式的核心内涵是,**撕裂度越小,企业成长力越强**。由此,管理者在诊断企业成长时,多了一个新的思考维度。企业面临的撕裂很多,不可能逐一深究,我们在书中重点关注四类撕裂:利益撕裂、价值观撕裂、能力撕裂、沟通撕裂。每类撕裂都触及企业经营和管理中的某个痛点。

其次,善于管理撕裂。

撕裂是一种可干预的冲突,但聪明地管理撕裂并不是每个企业家都能做到的。基于大量企业调研和实地访谈,我们在书中提出了"反撕裂五力模型"。这五力贯穿了企业生命周期的各个阶段,既有从战略出发化解撕裂的"格局力",也有防患于未然的

"前置力";既有直面撕裂、放低心态的"和解力",也有给撕裂设限的"止损力",更有撕裂发生后实现弥合的"修复力"。

一个具备五力的企业家,必定是一个反撕裂高手。这样的企业家不仅能聪明地应对各种撕裂,而且能智慧地预见潜在冲突从而避免撕裂。

最后,反撕裂方法必须落地。

要想走出组织抑郁,首先要有信念的支撑,其次方法要能落地。"反撕裂五力模型"是反撕裂的大思路,而我们针对每个力都给出了具体的操作方法和相应案例,这是我们研究的重点,也是为企业家创造价值的核心所在。书中让每个力落地的方法多种多样,企业家、管理者要根据自身特点去选择,而非简单照搬。

回过头看,在写作本书的过程中,很多人问了我们同一个问题:为什么要写"反撕裂"这样一个主题?

其实,这与我们2020年写的《反败资本》一书有关。

2020年,新冠肺炎疫情来袭,大批创业公司在遭遇突然打击时手足无措,惨淡经营甚至被迫关门,那么多热血激昂的创业者黯然神伤。目睹此景,我们发自内心地想写一本鼓舞斗志的书,让创业者在重压下保有翻盘的信念与心中的火光。在经历艰难的调研和痛苦的写作后,《反败资本》出炉。

一位做医美的女性创业者在朋友圈里这样评价这本书:"在遇到《反败资本》之前,我对于失败的态度是'失败是成功之母',所以要自我'洗脑',乐观一点并说服自己赶快调整心态,从中汲取经验教训重新出发,就没了。说白了,只懂失败的表层关系,根本不懂如何通过细节落地去反败……这本书真的很具体,由点到面教会了我如何反败,从能力到惯力再到心力,让我一下子变得心胸开阔、内心有力……"

然而,企业的挫折和撕裂在疫情之下并没有停止。

2021年,新冠肺炎疫情延续,它放大了人们心里的焦虑,加剧了企业的内卷,伤透了领导的脑筋,大批企业陷入渴望发展与受阻摇摆的冲突中,这种冲突进而演变成不可阻挡的撕裂。目睹此景,我们又很有冲动去写一本如何应对撕裂的书,让企业家掌握一套预防和治愈撕裂的方法,于是又经历了一系列调研、提炼和折磨人的写作后,《反撕裂》终于问世。

其实,我们也在反复追问自己:为什么写了反败,还要写反撕裂?

因为撕裂不意味着失败,但一定隐含着失败的可能。反撕裂比反败更常见,企业家需要有更为敏锐的洞察和更加深入的思考,方能规避失败。

人们常说时势造英雄,其实时势也造新书。我们的使命就是随时代而动,随企业而思,随人心而走,将我们研究后的新知写成新书奉献给社会,创造出真正持久的社会价值,而不是仅仅为了写书而写书。

在我们的心里,《反撕裂》是《反败资本》的升级版,触及了反败的底层逻辑。然而,选定这样一个主题并不容易,因为里面涉及太多哲学、社会学、心理学和管理学的内容,涉及企业经营和管理的方方面面。其中的内容,除了管理学我们接触得多一些,其他的我们并不擅长。

当我们还在犹豫主题是否合适的时候,有一个人站出来斩钉截铁地说:"想写就写!每个人身边都有太多撕裂的人和事,有的人一辈子都在和撕裂较量,这个主题多有意义啊!"正是这样的一番话,让我们鼓足勇气,真正下定决心写这本书。这个人就是机械工业出版社华章分社的王磊。

我们两个作者都很喜欢王磊,因为她很真实,把我们当朋友;她更看重使命与责任,而不是简单的市场销量;她更愿意陪着作者一起成长,并在成长的路上与作者一起应对各种撕裂。相信每位作者在写作时,一开始一定是撕裂缠身的,而最终呈现给读者的是几度反撕裂后清晰的认知、明确的观点,以及对人性的深刻洞察。

当然,除了王磊,华章分社的岳占仁、李万方、刘一祎等一众出版人,也无不以真诚待人、以专业服人,多次的合作让我们之间有了默契和信任。人和人之间最难得的就是信任,没有信任,一切归零,我也因为信任而经历了一场突如其来的变故。

2021年,我以为是自己人生的新起点,没想到现实给了我沉重一击,大起大落了三轮,最终我被撕裂了,而且是重度撕裂。花了半年时间,我从撕裂中逐渐恢复。这个过程,让我真正体会到了什么是撕裂:

撕裂是极其激烈的冲突,是持久难以化解的不均衡;

撕裂是分辨不清的痛苦,是缺乏主心骨的来回摇摆;

撕裂是滋生失败的温床,是人心与人心间的暗博弈;

撕裂是认知矛盾的结果,是站在十字路口的大彷徨;

撕裂更是知行的不一致,是阻挡进化的隐形天花板。

人必须成长和进步,一切必须回归正轨,否则只是行尸走肉,并将自我毁灭。于是,我开始痛苦地反撕裂:不断与自己和解,不断修复自己。每天昏睡至接近中午才起床,起来都心感虚慌,无数次自我否定又硬生生扛过去,我一遍遍告诫自己:"被撕裂了,不是坏事!"

在这样的状态下,我每天体会着撕裂带来的反思与无奈,坚持着思考并不断对抗懈怠,写着反撕裂的书……直至2022年元旦,终于完成了初稿,这时已经比预期的交稿时间晚了几个月。

无论如何,谢天谢地,终于写完了。

那一刻,虽然一切那么熟悉,但又像隔着一层东西,内心的起伏和被撕裂后的伤痕虽浅犹在。即使伤痕仍在,我却坚信自己不会被撕裂成碎片;即使伤痕仍在,我却真心感谢使我撕裂的人和事。跟那些经历过无数次撕裂又愈合上升的企业一样,与其将撕裂看作痛苦,不如将撕裂视为独特的成长催化剂,当它是打怪升级的必由之路。

在虎年除夕的夜晚,我在朋友圈发了一条消息表达自己的心愿,"虎年,做一个昂扬的孤勇者,带着光驯服每一头怪兽"。

每个人内心的平静与幸福,每个组织的成长与扩张,都是在对抗撕裂的过程中完成的。我们从来没有生活在一个不撕裂的世

界里，没有人活得容易，只是我们可以不断用自己的正能量克服撕裂，让自己活得更从容一些。

让这种正能量来得更猛烈些，让我们带着梦想在撕裂中奋勇前行。以此为序。

蔺雷

2022 年 2 月 4 日立春夜于京

目 录

本书核心知识点一览
序　在撕裂中奋勇前行

第一章　当撕裂成为"灰犀牛"　/ 1

　　加速组织进化，提高组织韧性，推动创新落地，这正是企业反撕裂的三大收益。

　　全球撕裂的冷思考　/ 2

　　从奋斗到"躺平"：在撕裂中前行　/ 7

　　撕裂才是成长机会　/ 14

第二章　撕裂度越小，成长力越强　/ 21

　　京东和西门子都经历了堡垒差点被从内部攻破的撕裂，但最终成功上岸，建立了一套反撕裂的有效机制。

　　企业成长力公式　/ 22

看透四类撕裂 / 27

可干预的冲突：反撕裂五力模型 / 34

第三章　格局力：锻造组织精气神 / 39

柯达公司的破败历程、雷士照明的控制权内斗、宝洁与沃尔玛之争，以及温氏集团的财散人聚、阳光保险的价值观立企、德胜洋楼的关爱文化，都告诉了我们格局究竟有多重要。

格局越小越撕裂 / 40

以远见穿越迷雾 / 44

用财散赢得人聚 / 50

拿正道唤醒诚心 / 58

第四章　前置力：超前管理撕裂 / 66

最好的管理，是把问题消灭在发生之前，而不是等它发生后再去解决。华为的冗余管理、雷军用价值观招人、餐饮企业的危机自救，都是超前管理的应用。

前置力是把危机消灭在萌芽中 / 67

冗余管理：对冲撕裂 / 72

学会用价值观招人 / 80

第五章　和解力：学会与撕裂共存 / 85

李开复的向死而生、西安东盛创始人的触底蜕变、波音公司的高管晚餐、阿拉善模式和格莱珉银行的魅力……一切个人和社会问题都会在"和解"面前低头。

和解是一种平静的强大力量 / 86

自我和解：不因撕裂否定自己 / 88

组织和解：坦诚对话是出路 / 93

社会和解：成为向善的力量 / 98

第六章　止损力：给撕裂设限　/ 106

大唐网络的369模式、阿里大文娱的断臂求生、知名企业家的止损标准、创业者的激活休克鱼，让止损既是一种本能更是一种本事。

及时止损是没有其他办法时的最好办法 / 107

六种止损决策方法 / 112

止损后：清零、激活休克鱼与快速收缩 / 119

第七章　修复力：弥合撕裂　/ 126

海尔的"小微创客"试错，腾讯、南孚电池和IBM的自我颠覆，老干妈与苹果的回归初心……背后都是弥合撕裂与修复的无尽努力。

修复的实质是应急性进化 / 126

空降兵修复 / 130

内创业修复 / 135

自我颠覆式修复 / 142

回归初心式修复 / 151

后记　人类是反撕裂进化的产物　/ 161

参考文献　/ 169

第一章

当撕裂成为"灰犀牛"

> 一幢裂开的房子是站立不住的。
>
> ——林肯

人类社会正进入一个高度不确定的时代，冲突交织、撕裂弥漫是重要特征。撕裂是"灰犀牛"，大概率会引发危机，无论从国际关系到国家发展，从政治问题到经济社会问题，还是从组织社群到个体，都面临这头"灰犀牛"带来的巨大冲击。

全球撕裂的冷思考

15 世纪之前，世界各地区之间基本处于一种割裂的状态。地理大发现一举打破了这种局面，第一次把世界有机地连接起来，自此人类社会开始由分散成长踏上了一体化的伟大进程。

虽然其间历经第一次、第二次世界大战的浩劫，但全球整体上仍然呈融合发展趋势。特别是进入 21 世纪以来，随着信息化浪潮席卷而来，全球化进入了黄金时代，整个世界成为一个地球村，人们之间的物理距离越来越小，撕裂似乎正在渐行渐远。

然而，2008 年爆发的金融危机，以及近年来新冠肺炎疫情的全球大流行，并没有让世界变得更加团结，反而让全球融合的进程放缓了脚步，世界开始进入一种日益撕裂的状态。2021 年 9 月 21 日，联合国大会第 76 届会议举行一般性辩论，联合国秘书长古特雷斯在辩论前做工作汇报时指出，世界正在被六大"鸿沟"撕裂，包括和平鸿沟、气候鸿沟、贫富差距鸿沟、性别鸿沟、数字鸿沟、代际鸿沟。这无疑是给各国发出的一个警醒。

近年来，尽管随着交通网络的不断完善和移动互联的快速发展，人们的交流沟通越来越便捷，但国家之间越来越割裂，族群之间的矛盾越来越尖锐，人们的思想观点越来越极端，彼此之间越来越疏离，善与恶不再泾渭分明，针对同一个事物经常会出现截然相反的解读，围绕各自利益互不相让、彼此排斥。

日益碎片化的国际秩序

当前运行的国际秩序，是第二次世界大战后主要国家共同推动形成的秩序，维持了世界长期的和平与稳定，但如今这一秩序受到了巨大挑战。一方面，美国力图维持和巩固单极世界；另一方面，新兴经济体和发展中国家快速崛起，其他主要大国也在争取主导权，期望建立一个更加多极化的世界。在未来相当长的时间内，单极与多极之间将持续较量，彼此处于消长、分化、组合之中。

近年来，各国的民族主义、民粹主义等极端思潮不断涌现。一些国家放弃了以往鼓吹的"世界责任"和"国家未来"，高举本国优先的大旗，成为世界动荡不安的主要根源之一。一些国家违反国际关系准则，动辄声称维护"基于规则的国际秩序"，对别国施压，实际上是把自己的意志和标准强加于人，用少数国家的"帮规"取代被普遍接受的国际法则。一些国家使用武力的单边主义做法时有发生，它们我行我素，毁约退群，严重阻碍了国际关系的民主化进程。

"华盛顿共识"盛行的时代已经一去不复返。全球贸易多边化遭遇"寒冬"，世界贸易组织被边缘化，代之以双边、多边的各种贸易安排。"以邻为壑"的贸易保护主义逐渐兴起，阻碍了商品和服务、资本和技术等要素在全球范围内的自由流动，全球产业链、供应链濒临断裂。即使在发达国家内部也存在很多深层次的矛盾。2021年6月13日，为期三天的G7峰会在英国康沃尔郡落幕，这一会议被世界各国媒体称为"不达标的峰会"，因为G7内部无论是在经济利益上，还是在一些政治观点上，都出现了明显的分歧。

道阻且长的一体化进程

欧洲是全球撕裂的一个缩影。1989年，随着柏林墙的倒塌，欧洲开始踏上一体化的道路。然而，在欧债危机、难民潮、国际恐怖主义袭击、民粹主义力量崛起等因素的冲击下，欧盟过去几十年快速一体化所积累起来的问题也日渐暴露，正在撕裂欧洲的融合之梦。

近年来，让人感受最深的就是公投政治正在掀起一波又一波的"脱欧"潮。2016年6月英国通过公投方式决定脱离欧盟，成为首个脱欧国家，这给欧洲一体化进程带来重大打击，相当于在欧盟这个生命体上硬生生地扯下了一块鲜肉。英国脱欧可能引发连锁反应，有些国家已起了脱欧的念头，一些本想申请加入欧盟的国家则打起了退堂鼓。法国极右翼政党"国民联盟"领袖曾向选民承诺，一旦入驻爱丽舍宫，将针对法国是否脱离欧盟举行公投。丹麦红绿联盟希望就欧盟成员国身份举行公投。除英国外，西班牙、希腊、匈牙利、法国、德国、意大利等欧盟成员国，也相继成立了反对欧洲一体化、反对欧元的政党。

欧洲内部改革共识难以达成。分歧首先体现为法德两国对欧元区改革方向的不同认识。法国希望对欧元区进行更大程度的整合，确立单独的预算和税制，但遭到了包括德国在内的欧洲多国的反对。法国希望革新欧盟财政稳定措施，为遭遇经济困难的欧洲国家提供条件更宽松的援助，但德国更倾向于各国做出努力，遵守赤字财政纪律，并担心法国的建议会导致债务问题在欧元区内扩展。此外，在移民、银行风险、跨国科技巨头征税等方面，欧盟各国也很难达成一致的意见。

此外，在危难时刻，欧洲各国也缺乏合作互助精神。中东欧国家作为新成员享受西欧恩惠，经济发展一路凯歌，但金融危机后，西欧国家出于现实利益考虑拒施援手。新冠肺炎疫情再次把欧盟成员国缺乏团结精神的弱点暴露在世人面前。德国和捷克率先决定，禁止本国的口罩、手套和其他防护物资出口。德国汉堡海关甚至扣押了瑞士进口商从中国订购的装有手术手套的货运集装箱。法国政府发布法令征用物资，取消了英国在法国一家企业的口罩订单。当意大利的疫情失控，急需其他欧盟成员国帮助的时候，各国无一伸出援手，还出现了德国扣留意大利所购买的口罩的情况。

K 型复苏与 1% 的人的国家

近年来，一些机构和专家提出了 K 型复苏的概念，认为在新冠肺炎疫情之下，经济复苏会呈现 K 型撕裂状态。K 型的两段表示复苏路径的分化：上扬的一段代表复苏比较快的领域，比如科技型企业、大型企业、虚拟经济部门及其从业人员；下行的一段代表复苏比较慢甚至长期衰退的领域，比如非科技型企业、小型企业及其蓝领。

K 型复苏最明显的特征就是分化，即不同地区、不同行业、不同部门、不同企业以及不同人群从危机走向复苏呈现出显著的不平衡性。在这种 K 型复苏中，旧有的生产模式被打破，新兴的产业崛起。持有优秀企业的股权，财富将大幅增长；而仅靠工资性收入或投资平庸的资产，财富将大幅缩水。实际上，这种 K 型撕裂，并不只限于经济复苏，在社会的方方面面或多或少都存在。K 型复苏所带来的社会矛盾激化、国际冲突加剧，在短期内基本上是很难改变的。

另一个分化更为极端的例子就是美国的 1% 现象。在政治极化、政策民粹化以及政客的刻意煽动下，美国社会的撕裂有愈演愈烈之势，这背后是多年来社会贫富鸿沟拉大、不平等不公正问题突出、系统性种族歧视根深蒂固、基于身份认同的极端情绪弥漫等种种问题。在新冠肺炎疫情冲击下，这些问题更加严重，地域、社会、种族、性别等层面的裂痕日益加深。

最近40年，美国工人家庭实际收入增长缓慢，1980年美国收入前40%的家庭的平均收入是收入后60%的家庭的4倍，目前两者收入之比已超过10倍。美国正逐步演变成一个"1%的人的国家"——经济和政治都只为1%的人而存在，也被1%的人操纵着。这1%的人主要聚集在一些最强大、最富有的利益集团，涉及金融、医疗保险、制药、能源、军工等行业。如今，美国最富有的1%人口的净资产总额达到34.2万亿美元，占美国所有家庭财富的30.5%；最贫穷的50%人口的净资产总额仅为2.1万亿美元，占美国所有家庭财富的1.9%。尽管上千万美国人在新冠肺炎疫情期间失去了工作和收入，但过去一年中650多名亿万富翁的财富总额却增加了1.3万亿美元。

上述各类宏观层面的撕裂，不仅给世界带来了高度不确定性，也在微观层面产生了深刻影响，许多组织的成长乃至个人的心理秩序都受到了巨大的冲击。

从奋斗到"躺平"：在撕裂中前行

如今，无论学生、公司白领、公务员，还是创业者，许多人都在奋斗与"躺平"之间徘徊。巨大的生存压力、入世与出世的挣扎、多重选择的焦虑、理想与现实的反差、信息茧房的困扰，种种现实的困境一次又一次将我们粗暴地撕裂。

为了生存而焦虑

每个人来到世间,生存是必须面对的首要问题。我们为了生存或者为了更加体面、更有尊严地生存,在人生的不同阶段都要承受来自各方面的压力和由此产生的焦虑。

在学生时代,我们主要面临的是学业压力,每天有做不完的作业、背不完的课文,还有经常性的考试。最大的焦虑是不知道以后要去干什么,不明白考试的目标是什么,最终在压力面前产生了厌烦心理。

步入社会后,我们学着与这个世界相处,但是会发现,越长大就越痛苦,面对的问题和困难越来越多,需要处理的关系越来越复杂,人也越来越焦虑。

首先面临的是工作压力带来的焦虑。一份好的工作不仅可以缓解自身的生活压力,也可以为自己提供足够的安全感。然而,很多时候我们的工资收入与消费支出不匹配,往往入不敷出,为了缓解这样的尴尬,我们只能不断努力工作,但结果总是事与愿违。有时候,为了保住自己的饭碗,有的人甚至做出违法违规违心的事情,最后不仅没增加收入,还把饭碗给弄丢了。

随着年龄的增长,我们面临着组建家庭的压力。在这一过程中,需要准备好一定的条件。对于年轻人而言,这些条件很多是自己无法创造的,而双方的家庭也很普通,不能为他们提供足够的支持。因此,许多人结完婚就欠了一屁股债,成了

"房奴""车奴",一旦哪个月还不上房贷车贷,就会被银行催着还款。

成家之后,我们面临着日益增加的生养压力。教育、医疗和养老等方面高昂的生活成本,让城市工薪阶层难以实现财富的持续积累。抚育一个孩子成才要花费大量的时间成本和精力成本,但是如果不生养孩子,又大概率不会被家庭接受和认可,这让我们感受到了一种前所未有的焦虑。对于年轻人而言,他们不仅面临着养育年幼子女的压力,也面临着照顾年老父母的压力,但很多时候自顾不暇,对于照顾老人更是力不从心。

这些生存问题随处可见,成了压在很多人肩上的沉重负担。一旦这种负担超过我们的承受能力,我们的内心就会出现各种撕裂。

出世与入世的挣扎

人毕竟不同于其他动物,不仅需要物质财富的满足——能吃饱穿暖,更渴望精神层面的关怀——在茫茫世界中安放好自己的灵魂。如果说生存的焦虑主要来源于物质财富不足,那么人所选择的人生态度则反映了精神层面的价值取向。

一般而言,人们主要有两种不同的人生态度。一种是"出世",表示一个人不再关心生活中大家都追求的功名、权位、财富等,远离世俗尘嚣,清静无为,更多追求精神上的知足;另一种是"入世",表示一个人积极进取,渴望在现实生活中创造价值，建功立业，甚至知其不可为而为之。

自古以来，在中国知识分子的精神世界中，常常纠缠着这两种完全对立的人生态度。比如，三国时期魏国名士阮籍就是这样一个矛盾的人物。他出身于书香门第，理想远大，希望成为一个能文能武的人才，对政治或自身仕途也抱有很高的期待。不过，当时的政治环境让他壮志难酬。曹魏政权被司马氏一族掌握，如果想要入世，就意味着背叛曹魏，也违背了正统的价值理念。如果选择出世，那么他的理想、情怀，就无法实现。阮籍身处极度矛盾之中，只能默默承受痛苦，最后人也变得叛逆起来。

现代人也经常陷于出世与入世的纠结之中。

一方面，我们羡慕"采菊东篱下，悠然见南山"的意境，经常想摆脱烦扰，甚至逃到深山老林里修养；另一方面，我们又依然会纠结于人情世故，疲于应付各种复杂关系，依然会有愤怒、悲伤、喜悦，难以丢下亲情、友情、爱情。

一方面，我们希望像马化腾、王兴那样通过创业实现快速成功；另一方面，又希望学习老子、庄子的清静无为之道，保持心灵的平和。

一方面，我们渴望展翅飞翔，去搏击风浪，创造精彩人生；另一方面，又畏惧世界艰险，怕一事无成，还拖累家庭。

一方面，我们渴望安稳，希望"躺平"，陪孩子成长，享受家庭生活；另一方面，又害怕一成不变的生活和一眼望到头的日子。

一方面，我们内心端正，自视清流，藐视权威；另一方面，又常常放任自我，随波逐流，溜须拍马。

一方面，我们对某一些行业存在高额垄断利润非常不满，甚至在内心中痛骂；另一方面，一旦有机会，又拼命往垄断行业和高薪单位里钻。

一方面，我们希望赚很多钱，实现财富自由；另一方面，又不想成为金钱的奴隶，更希望获得社会的认可和尊重。

总之，人人都想要的那种理想人生，也许本身就是一个矛盾重重的际遇。这有点像通关打怪的游戏，想要与世无争，实际却被死死地困在世俗的局里，等待着一轮又一轮的搏杀。

选择越多越撕裂

选择的自由是当今社会进步的重要标志之一。随着科学技术的飞速发展、物质生活水平的不断提高，人们的选择机会大大增加。许多人，尤其是那些经历过物资匮乏年代的人们，一定会对此感到非常欣喜。然而，很多人在现实中面对越来越多的相似选择时，经常感到不知所措、惶恐不安。选择过多使心理资源耗竭，导致无法选择与内心痛苦。美国社会心理学家巴里·施瓦茨在《选择的悖论》中曾写道："选择过多不仅使人们做决定的过程更艰难，因而感觉更沮丧，还会让最终被选中的幸运儿的魅力大减，导致满足感更低。"

法国哲学家布里丹讲过这样一则寓言，他养了一头小毛驴，每天向附近农民要一堆草料来喂。有一天，送草的农民出于对哲学家的景仰，多送了布里丹一堆草料。不过，毛驴站在两堆数量、质量完全一样的干草之间，非常为难。虽然享有充分的选择自由，但由于两堆干草价值相等，客观上无法分辨优劣，毛驴左看看，右瞅瞅，始终也无法分清究竟选择哪一堆好。于是，这头可怜的毛驴就这样站在原地，犹犹豫豫，在无所适从中活活地饿死了。

在现实生活中，这样的例子随处可见。虽然不至于像毛驴一样被活活饿死，但害怕做出选择确实给我们带来了很多困扰。比如，去一家超市购物时，面对眼花缭乱的商品，却不知道买什么；早上起床时，面对满柜子的衣服，却不知道穿什么；选择职业时，面对多个岗位不知如何抉择，后悔放弃旧工作，惧怕接受新岗位，变得非常焦虑；设计产品时，提出了一堆方案，最后发现可能还是用了第一个方案。人们之所以会有"选择恐惧症"，或许并不是因为惧怕选择本身，而是担心决策的结果不好。

信息茧房的困扰

如果你在观看短视频时点赞了某个类型的视频，比如唱歌视频，那么马上就会被推荐更多相似的唱歌视频，从此陷入一种无限循环之中。如果你在电商平台购物，平台会"猜你喜欢什么",不断推荐相关物品。网络上的音乐、视频、新闻、游戏甚至广告,无一例外都遵循这种方式。一个人如果只关注自己选择的领域,只关注某一种信息源,只关注令自己愉悦的东西,便会像蚕一样将自己禁锢在自我编织的茧房之中,此类现象就是"信息茧房"。当一个人长期被禁锢在自己所建构的信息茧房中,容易导致以下效应。

效应1：视野狭窄化。如果一个人深陷信息茧房,只关注并不断强化自己熟悉的领域,久而久之,个人生活会越来越程序化,越来越沉迷和满足于现有状态。有些人不喜欢逻辑,只肯阅读浅显的文章；他们不愿意深入思考,只想听从知名人士的意见；他们不是在阅读,只是在取悦和麻痹自己。这样势必产生盲目自信、心胸狭隘等不良心理,丧失全面看待事物的机会,无法建立大局观。

效应2：思维极端化。所谓极端化,就是一种非此即彼或非黑即白的片面化思维。信息茧房把人们割裂成不同的群体,在群体与群体之间竖立起信息屏障。一旦深陷信息茧房,人们习惯于把自己的偏见当作真理,排斥其他合理的观点,思维将越来越偏激。特别是由于信息茧房内成员与外部世界交流大幅减少,群体成员拥有近似的观点和看法,信息传播渠道相似,对于外部不同声音高度不适应。比如,当看到一些社会问题时,某些群体成员会不自觉地发表一些过激的情绪化评价,最初观点在一次次讨论中会朝同一个方向发展得越来越极端,更有甚者，还对异己者进行攻击和打压。

效应3：社会疏离化。任何一个人都无法始终处于世外桃源的封闭状态，总要接触外部的信息和事物，否则容易憋出病来。一个人沉溺于信息茧房太久，就会压缩与其他人的沟通交流，过于注重自我认同，接收的信息变得越来越单一、浅薄，对世界的理解和态度也变得越来越扭曲与撕裂，总想着逃避现实社会和生活，进而与现实逐步脱节，甚至远离集体、疏离社会。

撕裂才是成长机会

撕裂不是痛苦，而是机会。但这种撕裂不能无限大，否则就是崩溃。

有一个特警，多年的办案经历让他接触到一些我们平常看不到的"恶"。他发现，案件中很多犯罪嫌疑人的改变多是被身边的人刺激的，这样的刺激经常会颠覆一个人的人生观并使其走向歧途。他说，"越是身边信任的人，比如父母、妻子、恋人等，带来的伤害越大。那些特大案件的罪犯多是源于信念的坍塌"。

信念一旦坍塌，便是撕裂发展到了极致。让一个成年人在短时间内重建一套信念，显然不现实。怎么办？他只能用极端的方式来寻找出口。

这就是我们每个人要反撕裂的根源，有撕裂并不可怕，但千万不要让它发展到不可控的地步。如果要让我们自己在这个社会中正常起来,就必须用自己的成长对抗世间的一切不如意,否则就只能被打败、沉沦,甚至被淘汰。

适度的撕裂是每个人、每个组织成长的前提和基础,一定程度的撕裂对个人和企业而言是有好处的,因为每次撕裂都孕育着成长。

当出现利益撕裂时,通过调整利益格局,能让利益分配趋于均衡;

当出现价值观撕裂时,通过修正原有价值观,会回归初心与正常;

当出现沟通撕裂时,通过优化组织沟通方式,能让信息传递顺畅;

当出现自我撕裂时,通过自我分析和否定之否定,会提升自我认知水平;

当出现执行撕裂时,通过改善执行,会让知与行不再是两张皮;

…………

对个人来说,适度撕裂能让人反思,更能让人清醒。**在撕裂后,人们会通过一种回调机制来适应和缓解撕裂带来的痛苦,并在痛苦中实现成长与蜕变。**

对企业来说,适度撕裂后的反撕裂至少会带来三个方面的好处:加速组织进化、提高组织韧性、推动创新落地。

加速组织进化

适度撕裂会让企业在组织架构、组织资源和组织运行模式等方面进行优化，实现自身的进化。

分享一个真实案例。一家做 SaaS（Software-as-a-Service，软件即服务）的创业公司，一开始按照传统企业的做法成立了销售团队，但过了几个月，一套软件都没卖出去，这无疑相当糟糕。于是，组织内部开始互撕：销售团队开始埋怨产品部的技术开发有问题，不符合客户需求；产品部则坚持自己开发的软件没有问题。于是，产品部和销售团队间的撕裂成了那段时间公司的矛盾集中爆发点。与此同时，公司 CEO 发现产品部的技术团队利用一个偶然的机会卖出了一套软件，这让她开始思考一个问题：究竟应该成立专业的销售团队，还是直接让技术团队自己去推广，或直接利用钉钉平台进行推广。思考再三，CEO 直接裁掉了销售团队，这不仅帮公司节省了成本，还让公司找到了一个更高效和更落地的 SaaS 产品推广方式。

这就是基于撕裂实现的一种组织进化：企业的组织模式无定式，适合自己的才是最好的。

提高组织韧性

组织韧性是指企业在危机中重构组织资源、流程和关系，从危机中快速复原，并利用危机实现逆势增长的能力。具备组织韧性的企业，不但能够让自己走出困境，更能推动企业在危机中实现增长。

组织韧性有两个标准：一是历经风吹雨打而不垮，二是擅长与时俱进。老干妈如此，苹果公司如此，蔚来汽车如此，李宁公司亦如此。

李宁公司是李宁在1990年创立的体育用品公司。公司成立之初率先在全国建立特许专卖营销体系，2004年在香港上市，2009年销售收入突破80亿元并实现在中国市场对阿迪达斯的赶超。经过30多年的探索，李宁公司已成为国际领先的运动品牌公司。其间，2010年公司开始转型调整：放弃70后、80后市场，转向对90后人群进行营销。但由于没有把90后的消费习惯吃透，加上研发团队的设计与产品跟不上，导致了激进扩张并遭遇危机。

2011年李宁公司营收开始下滑，2012年亏损近20亿元，2013年虽亏损缩小，但营收跌至52亿元，2012～2014年总计亏损近30亿元。2014年年底，退居二线的李宁再次挑起了公司总裁的担子，重启"一切皆有可能"的口号，公司战略定位由"体育装备提供商"向"互联网＋运动生活体验提供商"转变，开启了最重要的一次变革。

年过五旬的李宁表现出当年在运动赛场上果决的英雄本色。他本人高调开通了微博，在上面推广公司，拉近了和客户的距离；亲自巡视专卖店，经常开会连轴转、加班到凌晨；重启多品牌战略，获得 Danskin 在中国内地和中国澳门地区的独家经营权，推出自营品牌李宁 YOUNG，并与小米合作推出新一代智能跑鞋……即便如此，李宁依然觉得："辛苦但能够把事情做好，就是最大的幸福。"

就这样，李宁公司神奇地恢复了增长。2015 年首次实现扭亏为盈，2016～2018 年利润有一定增长，从 2011 年到 2018 年用了 8 年时间终于走出了危机。2019 年的净利润超过了 2012 年；2020 年营收超过 144 亿元，毛利超过 70 亿元。在公司从巨额亏损到实现盈利能力持续提升的过程中，李宁表现出了一个体育冠军在商业战场上的强大心力，李宁公司亦在危机中通过不断调整优化与创新提高了组织韧性。

推动创新落地

当旧的技术、管理方法和运行机制不能再给企业带来创新和增长时，就会出现发展愿景与现实制约之间的撕裂。

我们曾到某地级市高速公路集团调研考察。这家公司负责全市范围内 400 多公里的高速公路收费业务。由于当时收费以人工收费为主，导致操作过程中收费员与司机间有诸多"猫腻"，管理较为混乱，组织运行涣散。面对这种情况，公司领导决定采用信息化手段，上马电子收费系统，推动收费过程透明化。然而，运行初期出现了一些极端情况，收费员由于自身的"隐性利益"，纷纷排斥使用电子收费系统，甚至损毁电脑设备。显然,这也是一种程度较高的撕裂。虽然这种情况是公司领导始料未及的,但公司领导的意志很坚定,坚决推行创新。经过近两年的宣贯、培训和调整、检查,终于让这项工作落了地,该公司的收费站成为国内最早一批全部使用电子收费系统进行收费作业的地市级收费站,收效良好。

事实上,很多创新在企业落地过程中,一开始往往会遇到内部和外部的各种问题,导致创新撕裂。多数组织和个人都不会主动接受创新,甚至会阻挠创新——谁没事会主动革自己的命啊?但也恰恰是这种撕裂,给创新真正落地提供了机会。诚如演员张译所说,"没有困难,也就没有了成长"。

恰到好处的撕裂,也就是适度撕裂,是每个人和每个企业都需要的。撕裂不是痛苦,而是机会。学会从撕裂中受益,善于反撕裂,才是一家企业成熟的标志,也是一名企业家应该具有的大智慧。

本章核心观点
---

1. 人类社会正进入一个高度不确定的时代,冲突交织、撕裂弥漫是重要特征。
2. 宏观层面的撕裂在微观层面上产生了深刻影响,许多组织的成长乃至个人的心理秩序受到了空前冲击。
3. 巨大的生存压力、入世与出世的挣扎、多重选择的焦

> 虑、理想与现实的反差、信息茧房的困扰,种种现实的困境一次又一次将我们粗暴地撕裂。
>
> 4. 一定程度的撕裂对个人和企业而言是有好处的,因为每次撕裂都孕育着成长。

02 第二章

撕裂度越小,成长力越强

> 流水在碰到抵触的地方,才把它的活力解放。
>
> ——歌德

企业撕裂是一种常态,管理者无须否认。当一家企业出现撕裂时,它就是在消耗自己的内力。撕裂度越大,企业内耗越大;撕裂度越小,企业成长力就越强。撕裂是一种可管理的冲突,管理撕裂的价值就在于尽可能降低内耗,提升成长力。本章将告诉你企业成长力背后的秘密,看透常见的四类撕裂状态,掌握"反撕裂五力模型"。

企业成长力公式

任何企业都是一个不断成长的生命体。然而，究竟是什么决定了企业的生与死？换句话说，企业的生与死，究竟取决于什么？如果这个问题太大，那我们再换个说法：企业靠什么长大，又在什么情况下会夭折？

有人说是运气，没错；

有人说是大势，也没错；

还有人说是创始人，更没错。

但说得越多，只会让人越迷茫。其实，企业的生死只取决于一个东西：企业成长力。

什么是企业成长力？**企业成长力就是企业成长的能力和潜力，其中能力决定了企业能达到的高度，潜力则决定了企业成长的持久度。**

企业在撕裂中不断成长，历经风雨而成熟。影响企业成长的因素纷繁复杂，在一个开放和生态主导的时代，**企业成长力取决于两个方面：一是内部撕裂度，二是外部生态韧性**。企业在一个生态圈中发展，自身生态构建是否到位，与外部生态的互动和链接是否有效，都深刻地影响着企业的成长。任何一家成长艰难的企业，都一定会遇到两类问题：一是内部撕裂冲突，二是外部生态缺乏韧性。很多企业就是在这两类问题上栽了跟头。

说到底，一"内"一"外"决定了企业成长，其中既有正向影响因素，也有负向影响因素，它们综合起来就是企业成长力。于是，可以总结出企业成长力公式如下：

$$企业成长力 = 外部生态韧性 / 内部撕裂度$$

公式的内涵很简单：企业成长力与外部生态韧性成正比，与内部撕裂度成反比。也就是说，企业的外部生态韧性越高、内部撕裂度越低，企业成长的能力越强、潜力越大，企业的成长也越正向和从容。如果外部生态韧性不高，内部撕裂度很大，企业发展就一定会磕磕绊绊。

当然，这个公式有一个前提，就是企业的战略方向没错，一旦方向错误，一切都是白搭。在这个前提下，外部生态韧性和内部反撕裂能力的双重提升才是企业强悍成长的关键。外部生态韧性不高，企业发展就会磕磕绊绊；内部撕裂度大，外部生态韧性再高也白搭。

这里需要特别强调的不是外部生态，而是内部撕裂。纵观这些年，生态构建已经成为中国企业家的共识，大家纷纷投入巨大资源构建友好、良性的外部生态。然而，企业在重视生态构建的同时，往往会忽视内部撕裂，其实内部撕裂恰恰决定着外部生态构建。任何事情，找到内源方能解决问题，内源才是根本，企业单靠外部生态构建远远不够。

"社会网络理论"告诉我们，企业拥有的社会网络能让企业更便捷地获取发展所需的异质资源，有利于企业对现有资源的深度加工和整合利用，因而社会网络具有很强的资源配置效应。企业社会网络分为内部社会网络和外部社会网络，前者是指内部各职能部门、高管与员工之间形成的关系网络，后者是指企业与外部组织、个人或宏观环境之间形成的关系网络。事实上，在企业的成长过程中，企业社会网络的功能在不断增强，不只是配置资源这么简单。本书提出的企业成长力公式，将外部社会网络扩展为外部生态，将内部社会网络聚焦在内部撕裂度上，是对社会网络理论的发展。

运用这个公式，我们可以很好地解释有些企业在成长中碰到的困惑。

我们认识一位创业二十余年、当年跟刘强东属于同一批的创业者。时至今日，刘强东已功成名就，他却仍然在创业的路上艰辛前行。这位创业者一共创立了四家企业，每家企业的成长轨迹出奇地相似：到了一定阶段就停滞不前。

究其原因，他与合伙人的内部撕裂是最大问题：或者是承诺的股权没有兑现，或者是任用亲戚担任高管引发众怒，或者是格局太小不愿分利……这位创业者每次都会跟合伙人闹到反目的境地，甚至数次撕破脸皮告到法庭。企业的成长也在愈演愈烈的内斗中戛然而止，臭鸡蛋也每次都会扔到他的办公室门上。

这位创业者有能力把企业带到一定高度，却无法突破自己的天花板，进而引发企业内部的激烈冲突，企业成长也因此受阻。所以经常有人说，**企业能达到的高度，就是企业家自己的高度**。

刘强东虽然没有遇到这位创业者的问题，却遇到了另一种让他痛恨的事——内部腐败，他的第一次创业就是因此夭折的。读大四那年，校外一家餐馆准备转让，而刘强东也正想创业，于是用自己手里的钱加上借的一些钱盘下了这家餐馆。

之前这家餐馆的员工薪水低，住地下室，吃的是剩饭菜。看到这种情景，刘强东给员工改善了住宿条件，涨了工资，更把采购权和收银权都交给员工。结果餐馆开了半年，一查账发现亏得一塌糊涂。原来，收银员和大厨谈恋爱了，不写对账单，收钱出菜无法核对；采购员也在不断涨进货价格，每斤豆芽从8角涨到2元，每斤牛肉从8元涨到17元……员工在变着法子"黑"店里的钱。最终因为收银员、大厨、采购员贪污，导致餐馆资金链断裂，本来盈利的餐馆最终亏损20多万元。

内部腐败已经不是简单的矛盾或错误，而是事关企业生死的大撕裂，它不仅会影响企业成长的能力，更会摧毁企业成长的潜力。欧美老牌商业巨头朗讯、西门子都曾经因腐败、贿赂问题搞得元气大伤：朗讯不仅流失了大量人力物力，而且造成公司内部人心惶惶；西门子则因"高管巨额行贿案"差点破产。

2006年11月15日，德国警方突然搜查了西门子的30多间办公室和其多位高管的私人住宅。调查结果显示，1999~2006年，西门子动用了13亿欧元（约合20.3亿美元）进行贿赂，以获得产品订单。

2008年7月29日，西门子宣布，将对此前涉嫌行贿13亿欧元的11名前高管提起诉讼并要求赔偿，其中包括前董事长冯必乐（Heinrich von Pierer）以及前CEO克劳斯·柯菲德（Klaus Kleinfeld）。

堡垒往往是从内部被攻破的。只有内部撕裂才会让坚固的防线垮掉，这是饱含血泪的经验之谈，中外企业的故事都证明了这一点。

无独有偶，内部腐败带来的"翻船"风险让华为长期以来一直在讨论一个问题：既然企业最大的风险来自内部，那么如何从管理层和制度上杜绝腐败？华为高层很早就意识到，堡垒最容易从内部被攻破，让华为倒下的只会是华为自己。

的确如此，在美国的打压和封锁下，华为的外部生态受到巨大冲击和影响。然而，华为坚定不变的一点是把自己内部的事做好，不论是投入巨资进行自主研发，抑或是优化管理，都是一种通过"眼睛向内看"来解决问题、降低内部撕裂度的思路。

总结一下，内部撕裂度与企业成长之间的关系有三个特点。

第一，内部撕裂度越大，企业成长越受阻。

当企业成长停滞不前时，企业家应该思考的第一个问题就是内部撕裂。内部撕裂度大，再好的战略、再强的外部生态韧性也白搭。

第二，克服内部撕裂是企业成长的底层逻辑。

在高度不确定的条件下，内部撕裂度会决定企业的战略落地和生态构建，进而影响企业成长。所以，反撕裂是企业管理的基本逻辑。构建外部生态的先决条件是有一个良好的内部环境，如果内部撕裂度巨大，外部生态注定是一盘散沙。

第三，可以通过管理撕裂来降低其对企业成长的负面影响。

至于怎么管理，本书提出的"反撕裂五力模型"将为企业家提供解决问题的具体思路，每个思路都配备了相应的落地方法和相关例子，详见本章"可干预的冲突：反撕裂五力模型"一节。

看透四类撕裂

阻碍企业成长的各种撕裂层出不穷，但总结下来，最常见也最让人头疼的撕裂有四类，它们是利益撕裂、价值观撕裂、能力撕裂、沟通撕裂。任何企业总会碰到其中一类或几类撕裂。看透这四类撕裂，是每个创业者、企业家绕不开的必修课。

利益撕裂：人性深处的欲望失控

简单说，利益撕裂就是"分配不均"。企业中各方的利益撕裂每天都在上演，只是撕裂的版本不同而已。利益，是检验人性最好的试金石，然而人性往往经不住检验。

王石在经历了创始人与野蛮人的股权利益争斗后，黯然出局，开始专注公益和帆船运动；李国庆经历了与结发妻子的印章争夺和互撕大战后，黯然神伤，开始新的创业……更不用说那些东家与掌柜间的明争暗斗、企业内部某些人因一己私利对企业造成的重创，以及合伙人没有下限的内斗。

当失控的利益之争左右了人性，企业就会出现各种失控，走向初心的反面和毁灭的边缘。利益绝不应该成为企业家追逐的终点。人一旦把目标和手段搞混，只会扭曲人性、自食恶果。通过机制设计和管理技巧来抵抗利益撕裂，是企业家的一门必修课。

价值观撕裂：底层认知的严重偏差

一位企业家说，价值观是平时看上去最没用，但一旦出事就会令人后悔不已的"无形杀手"。

价值观撕裂，就是由底层认知偏差所导致的对同一问题的看法和做法的截然不同。新冠肺炎疫情期间，究竟戴不戴口罩，就是肉眼可见最直白的一种价值观撕裂。

无数企业崩盘背后的行为偏差，都源于底层认知偏差，这是一条最普遍的铁律，却也是最容易被企业（尤其是顺境中的企业）忽略的铁律。企业创始人在遭遇困境后常常会感慨，"价值观认同比登天难"，其实祸根早就埋下了——要么是底线缺失，要么是过了几天好日子就从奋斗状态滑落到享乐状态，要么是不同价值观的长期争执乃至斗争。可怕的是，这些隐藏的定时炸弹总会被引爆。**一旦价值观出现撕裂，基本上就是无解的，因为底层认知偏差不是一天两天就能改变的。**

2016年8月，微信公众号"铅笔道"曝出一则关于校园洗衣创业公司"宅代洗"的消息，这本是一则普通报道，但创业团队的一个做法引发了轩然大波。

事情的经过是这样的。2016年4月18日，"宅代洗"上线，选择某市的6所高校进行体验式营销，首单免费。但4天过去了，团队只接到一份订单。"同学们都不相信。万一衣服丢了、洗得不干净或洗坏了，怎么办？"

于是，团队中有人出了个馊主意。他们选择了一所男生偏多的高校，剪断宿舍楼内所有自助洗衣机的电源线。"4天在宿舍楼内没法洗衣，逼着他们用一下'宅代洗'。"这次强制试用让平台订单量迅速上升，一天最高订单1100份，首月盈利60万元，范围也扩大到周边5所高校。

消息一经爆出，社会各界便对宅代洗进行铺天盖地的批评，很快，这家诞生不久的创业企业便销声匿迹了。

当一家企业因为追求利益或流量而没守住底线，价值观被击穿时，等待它的一定是灭顶之灾。

2021年年末最震撼的商业新闻，莫过于直播带货头部主播薇娅因为偷税漏税数亿元而被税务部门追缴税金和罚款，若她不及时缴纳税金和罚款则会被依法追究刑事责任。虽然薇娅团队出来做了解释和道歉,但无法改变这一事件背后价值观撕裂的实质。多少人心中曾高高在上的女神薇娅一夜坠落,并且日后难再翻身。当然,薇娅一定不是第一个,也不是最后一个价值观撕裂的商人。

再次强调,一旦没守住底线,价值观被击穿,企业必然走向毁灭。三观要正,三观要合,是找伙伴和做企业的基本准则。能始终坚持正确价值观的企业,尤其是在困境中还坚持的企业,才是一家伟大的企业。

能力撕裂:说到与做到的"内卷"错位

对职场人士来说,说到和做到之间经常错位,我们经常答应了领导交代的任务,到头来却没法交差,说到却做不到的"两面派"现象比比皆是。一面有心、一面无力,一边眼高、一边手低,这背后反映出的撕裂就是能力撕裂。

企业在发展过程中同样会面临能力撕裂,尤其在顺境时经常会"野心膨胀",导致"说得太高、做得太低",能力配备跟不上自己的野心。我们来看一个古希腊神话。

代达罗斯(Daedalus)用蜡黏合鸟的羽毛,制作了两副翅膀,一副自己用,一副给了他的儿子伊卡洛斯,两个人计划从天空中逃离克里特岛。翅膀做好后,代达罗斯告诫儿子,尽管用这副翅膀能飞,但不能飞得太高离太阳太近,否则蜡会被烤化；也不能飞得太低离海面太近，否则蜡会因为水汽太大而凝固。所以，飞行要把握一个合适的高度。可是伊卡洛斯年轻贪玩，没有听从父亲的建议，飞起来后觉得很刺激，就使劲扇翅膀，结果飞得太高，太阳把蜡烤化，羽毛散开，伊卡洛斯一头栽下来坠海而亡。

这个故事告诉我们，无限远大的抱负和无比宏大的战略，都需要有相应的能力来支撑和驱动，能力跟不上是不行的。然而，能力必然是有限的，且不可能在一瞬间因抱负变得远大而得到提升。就像约翰·刘易斯·加迪斯在《论大战略》中提到的，真正能落地的战略，是无限远大的抱负和当前有限的能力的完美结合。

想想看，多少急于扩张版图的企业，就是在能力不具备的时候提出了看上去激动人心的远大战略，媒体追捧、自身加码，结果能力不堪战略重负，企业快速坠落。不论当年的巨人、乐视，还是如今的恒大，都是如此。

对个人来说，能力的撕裂最让人无奈。能力是时间的函数。必须有试错的机会、反复的学习和猛然的顿悟，以及坚强的意志，才可能改变能力。对一个组织来说，有一些方法看上去可以在短期内快速解决能力的不足，比如人员的更替、引入稀缺人才等，但最终仍要靠内生能力的成长来解决问题。因为拿来主义、外生能力的植入都非长久之计，能力到头来也没有长在企业身上。美国敢拿芯片卡中国企业的脖子，就是认为中国企业长期以来依赖国外企业提供的芯片，不具备底层核心技术能力。

这两年"内卷"一词流行。所谓"内卷"，就是投入的边际产出持续递减，或者没有产出，甚至出现负产出的"停滞"。造成停滞的原因有多种，例如能力提高缓慢、组织惰性变强、技术到达极限、模式陈旧、意识落伍等，都会让组织的投入无法再产生额外的正向产出。

总结下来，能力撕裂亦是造成企业"内卷"的底层原因之一。

沟通撕裂：为什么别人总不懂我

但凡经历过沟通障碍的人，一定会对其中的痛苦倍感无力。"为什么每个人都不理解我？"这是很多职场人士心里最想说的一句话。

一家企业如果出现沟通撕裂，必定导致内部信息流不畅、上传下达失灵，结果就是企业会莫名其妙地"脱轨"——你以为沟通很顺畅，你以为大家理解得很到位，但执行起来完全不是那回事。沟通撕裂还会造成恶性循环：越沟通不畅，越不愿沟通，最后发展到连话都不想说。如果部门和部门、下级和上级连话都不想说，企业还能成长吗？那只是天方夜谭。

一位 SaaS 公司的创始人很早就发现了沟通撕裂这个问题。于是他采用了一种方法，每月初跟自己的合伙人和骨干员工深谈一次，每次不限时。不聊不知道，一聊吓一跳，用他的话说："他们至少有 60% 的想法跟我以为的不同，这让我终于明白了在执行过程中为什么有那么多问题。"

很多人说企业内部沟通撕裂的本质是信息不对称，你觉得这是真相吗？**其实，沟通撕裂的核心症结并不在于信息不对称，沟通撕裂的本质是认知不对称。**信息再丰富、再对称，只要认知不对称，就会让沟通瞬间"死亡"。打破这种不对称需要合理的方法：把话说透了才能"撕而不裂"，同时对员工输入正向信息，对高管偏重坦诚沟通。

当然，认知不对称同样存在于个体当中。一个 00 后男孩对沟通撕裂有自己独到的见解，"心口不一，掩饰自己"是这个 00 后男孩对沟通撕裂的解读。的确如此，我们每个人都有太多心口不一的时候，这导致自己在和外部环境沟通的时候亦会撕裂。

互联网本来是沟通交流的平台，却经常变成一个撕裂的发源地。互联网上的信息不可谓不多，但关于同一件事情会出现截然不同的版本，所以沟通撕裂的核心就是不同人群的认知不对称。

不论对领导和下属，抑或对朋友，如果我们总是站在自己的立场上，以自认为正确的方式去揣测别人，那么一定会造成沟通撕裂。"你不懂我"的实质是"你误解我了"。

任何企业都难以逃脱上面这四种撕裂，利益撕裂是展现出的表象，价值观撕裂是问题的核心，能力撕裂是由于存在短板，沟通撕裂则是由于缺乏技巧。图 2-1 展示出了四种组织撕裂。

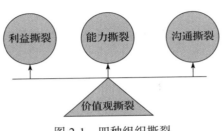

图 2-1　四种组织撕裂

可干预的冲突：反撕裂五力模型

撕裂是一种程度较高的冲突，但这种冲突并非不受控，而是可干预和可管理的。反撕裂的核心价值就在于从冲突中受益，助力企业逆势成长。

那么，究竟怎样化解我们所面对的撕裂？通过总结国内外诸多典型企业案例，实地走访调研 60 余家企业，访谈企业家和创业者超过 100 人次，我们总结出了反撕裂五力模型（见图 2-2）。

反撕裂五力模型的核心观点是：提前刻意培育五种能力，可以在很大程度上规避撕裂，化解冲突，甚至修复裂痕。这五种能力是格局力、前置力、和解力、止损力、修复力。

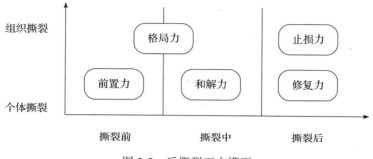

图 2-2 反撕裂五力模型

注：蔺雷绘制（2021）。

这五种能力从不同角度告诉我们该如何面对撕裂：不同阶段的撕裂、不同程度的撕裂以及不同层次的撕裂（个体的撕裂、组织的撕裂），都可以从这五种能力中找到解决的"法"和"术"。

格局力。格局力是用站高一格的心态和不同于常人的格局来面对冲突、化解撕裂的能力。要想拥有格局力，具体有三种方法：以远见穿越迷雾、用财散赢得人聚，以及拿正道唤醒诚心。

前置力。前置力是一种用提前量思维法则和逆向管理方法来"对冲"撕裂的能力，也就是"未雨绸缪"的能力。让自己具备前置力的有效方法包括防微杜渐式前置、冗余式前置、价值观前置。看上去培养前置力很容易操作，但实际上它需要智慧、长远眼光和大量投入看上去"无用"的资源。

和解力。和解力是一种与自己和解、与组织（他人）和解、与社会和解的意愿和能力。世界上最难的事之一，就是与自己和解；世界上最不该做的事，就是与自己为敌。当一个人、一家企业愿意用和解之心去对待自己和周围，撕裂也就无处遁形。说得更高大上一点，和解力可以用一种化撕裂为无形的方式来"反撕裂"。让和解力落地的具体方法有三种：自我和解、组织和解、社会和解。

止损力。止损力的实质是给撕裂设限，而不是任由其恶化下去。永远记住，及时止损是没有其他办法时的最好办法，当然设置止损点既是一项技术也是一门艺术。止损后有三种策略可以选择：清零、激活休克鱼、快速收缩。

修复力。修复力是企业在面对激烈冲突时的一种应急性进化能力，是企业创始人必须具备的能力。具备修复力的具体方法有四种：空降兵修复、内创业修复、自我颠覆式修复，以及回归初心式修复。

具体来说，反撕裂五力模型在企业中有三种应用场景。

应用场景一：针对企业不同阶段的撕裂。前置力是在撕裂尚未真正发生时（撕裂前）进行预防的方法，通过提前的资源投入和冗余管理"对冲"未来可能出现的撕裂。和解力与格局力则是在撕裂发生时（撕裂中）可以采用的方法——万般撕裂以和解为上，千种撕裂用格局制胜。当然，一旦撕裂发展到不可收拾的地步（撕裂后），就要用止损力来遏制撕裂的继续，用修复力来最大程度弥合伤口。

应用场景二：针对企业不同程度的撕裂。撕裂的程度有浅有深，模型中不同的力可用来解决不同程度的撕裂。对于小的撕裂，用和解力面对；对于大的撕裂，必须用止损力和修复力来处理。对于暂时无解的撕裂，用格局力来解决。对可预期的潜在撕裂，则用前置力来化解。

应用场景三：针对企业不同层次的撕裂。撕裂的最坏结果，就是"内卷"，不只是个体内卷，还有组织内卷。要防止内卷，必须从反撕裂入手，在个体和组织两个层次进行反撕裂。当然，不论是个体反撕裂，还是组织反撕裂，都可以从反撕裂五力模型中找到解决问题的线索。

那么，下一个问题来了，既然撕裂对企业的影响如此之大，为什么企业里没有一个单独的"反撕裂部门"？或者说，企业有没有必要单独设立一个"反撕裂部门"？

答案是没有必要。

原因很简单，撕裂源于企业的各个部门和各种职能，战略有撕裂，方向有撕裂，落地有撕裂，文化有撕裂，创新有撕裂，人才有撕裂，投资有撕裂……撕裂是不可回避的一个共性问题。所以，反撕裂不对应于任何单独的企业部门或企业职能，而是一种共性的思维方法和策略，它适用于企业的所有部门。

本书后面的五章，每章将讨论反撕裂五力模型的一个力，给出具体的落地方法和相应的案例，供企业管理者参考。

本章核心观点

1. 企业成长力取决于两个方面：一是内部撕裂度，二是外部生态圈。企业的外部生态韧性越高、内部撕裂度越低，企业成长的能力越强、潜力越大。

2. 企业常见的撕裂有四类：利益撕裂、价值观撕裂、能力撕裂、沟通撕裂，每一类都可能导致企业的成长停滞。

3. 撕裂是一种可管理的冲突，方法得当就可以解决问题，"反撕裂五力模型"为企业家提供了在全生命周期管理撕裂的框架。

4. 通过提前刻意培育五种能力，可以在很大程度上规避撕裂，化解冲突，甚至修复裂痕，这五种能力是格局力、前置力、和解力、止损力、修复力。

03 第三章

格局力：锻造组织精气神

> 不登高山，不知天之高也；不临深溪，不知地之厚也。
>
> ——荀子《劝学》

一个组织的格局，往往代表着组织的方向和灵魂，影响着团队的使命和激情，引导着员工的向往和期许。一家企业如果具备了超拔大气的格局，冲突和纷争自然会减少，撕裂发生的概率也会小很多。

格局越小越撕裂

曾经看过这么一则寓言故事：一头健壮的骆驼在沙漠行走时不小心踩到玻璃碎片。它非常生气，于是猛地抬起脚，用力将碎片踢出去。结果一不小心，脚掌划开了一道深深的口子。流出的鲜血引来了周围的秃鹫和野狼，骆驼仓皇逃跑，最终误入食人蚁巢穴，被黑压压的食人蚁啃噬。临死前，骆驼非常后悔：我为什么要跟一块小小的玻璃碎片较劲呢？你一定会笑着说"骆驼真傻"，但别高兴得太早，因为很可能我们每天也做着同样的"傻事"。比如，挤公交时被别人踩了一脚，他却反过来怪你没长眼睛，于是你和他吵起来，一天的好心情就没了；车被别人撞了，还被别人骂瞎了眼，最后自己憋着一肚子气。生活中这样的事情太多了，我们的眼睛很多时候都会被一些鸡毛蒜皮的琐事遮蔽，内心会被一些乱七八糟的枝节迷乱。有的人做事只看眼前的利益，时间和精力也大多都耗费在蝇头小利上。有的人对问题的认识往往流于表面，解决起问题来也只能头痛医头脚痛医脚，被人牵着鼻子走。凡此种种，都是格局不大的具体表现，也是内心出现撕裂的重要诱因。

许多企业之所以出现撕裂现象，在很大程度上与管理者格局小密切相关。**"格局小"** 在企业中主要表现为战略上的机会主义、管理上的效率主义、工作上的本位主义、利益上的独享主义。

机会主义

什么赚钱做什么，喜欢追"风口"，这就是对市场盲目跟从的机会主义的表现。前几年投资界最流行的话莫过于"站在风口，猪都会飞"。这种机会主义行为根本没有通盘考虑企业的发展方向，可能给经营活动带来高度的不确定性。虽然企业可能抓住产业机会和政策窗口，在短期内获得高收益，迅速做大做强；但这种非理性冲动在带来非理性繁荣的同时也可能让企业一脚踩空，走上衰弱甚至被兼并、倒闭的不归路。

比如，前些年许多企业都涉足了金融和房地产，这两个行业过去曾被视为最大的"金矿"，如今却成了两大"风暴眼"。有的创业者听说区块链会火，于是在连区块链是什么都不知道的情况下，就盲目跟风，结果亏得一塌糊涂；看到自媒体赚钱，就急忙投入到自媒体创业的大潮中，结果坚持不到一年就放弃了；看到知识付费的风口已经来临，于是都跟风做知识付费，结果连自己有几斤几两都摸不清，最终失败。

完全以"机会"为导向，把通过一两次机会"侥幸"获利的经验总结为指导企业未来发展的"战略"，这种东一斧头、西一榔头的机会主义经营策略和大起大落的经营状态，可能导致企业内部资源配置的失衡，也可能带来管理层与股东、员工与企业之间的利益冲突。

效率主义

大部分企业更重视解决效率或成本问题，更关注如何竞争、与谁竞争，所做的努力都是管理和市场上的努力而不是战略上的努力。这类企业关心如何培养接班人，如何提升管理效率，如何降低成本，如何调动员工积极性等，这些都是管理效率层面的问题，而非战略层面的问题。管理效率层面的努力在外部环境变动不大的时候是有效的，但当技术和市场环境发生剧烈变化的时候，战略的重点不再是面向同行的竞争，而是基于顾客价值的创造以及技术的创新，如果没有战略上的调整，企业就可能迷失方向，甚至在市场竞争中被淘汰出局。

本位主义

"这件事不归我管""那件事跟我无关"，这些声音在很多企业中屡见不鲜，它们是本位主义的具体表现。企业设立不同部门，目的是让内部员工有效分工合作，而不是割裂企业。然而，在实际工作中，则是另外一番景象。许多企业管理者和员工在工作中经常画地为牢，只顾自扫门前雪，面对与本部门、本职工作关系不大的任务，能推就推，能不干就不干；在公共场合故意标榜所在部门、团队对企业的贡献有多突出，对其他部门经常趾高气扬，颐指气使。

比如，财务部门为做好财务合规，设置了极其复杂的报账流程，业务部门人员在繁忙工作之中，还要花费大量精力弄清怎么使用报账系统。行政部门以减轻基层负担之名，对所有业务部门采用一刀切的方式要求大幅减少公文与函件，但在此期间，业务部门的业务量其实在持续增长。每个部门以自己部门的利益为第一导向，结果为提高分工效率而设计的部门架构，就演变成了本位主义蔓延的脚手架。

独享主义

其表现是小众团体和个人单独享有经济利益。过去，企业利益分配的基本假设是雇员是风险逃避者，雇主是企业风险的真正承担者，因此企业利润由雇主或投资者独享。实际上，在现代企业中，企业的利益与员工的利益是相互依存的，企业的利益依靠员工实现，如果企业只把眼光停留在眼前，看不到企业的长远发展，不愿意通过股份制、分红、年终奖等形式与员工分享利益，那么，员工的积极性就难以被调动起来。近年来所探讨的乐视"败北"的原因很多，其中"一股独大"是不可忽视的因素。乐视网在管理上有着明显的"家族制"企业特征，公司负责人家族共计持有乐视网44.77%的股份，且其他股东持股较为分散，所以就形成了公司负责人家族对乐视网的绝对控制，这既可能造成巨大的决策风险，也导致了公司利益分配的失衡。

小格局势必对企业长远发展带来不利影响。唯有打造强大的格局力并持续放大格局,才是企业行稳致远的关键。对于企业而言,这就需要企业家和管理者突破自身思维局限,具备从全局和长远视角看待问题和谋划事业的能力。企业家和管理者的格局力越强大,就越拥有高于常人的战略眼光、胸襟抱负和思维品格,也就越能从更大的视野出发做出决策、设计机制、塑造文化。

以远见穿越迷雾

大家一定听过下面这个耳熟能详的故事。三个人在工地砌墙,有人问他们在干什么。第一个人没好气地说:"我们在砌墙,没看到吗?"第二个人笑笑说:"我们在盖一幢高楼。"第三个人自豪地说:"我们正在建设一座新城市。"十年后,第一个人仍在砌墙,第二个人成了工程师,而第三个人成了前两个人的老板。这个故事表明,不同的战略远见会带来不同的结果。实际上,战略远见不仅对于个人的成长至关重要,而且对于企业的反撕裂、聚合、实现长远发展同样非常关键。

那么,什么是战略远见呢?大家都知道《孙子兵法》,其中最重要的洞见是审时度势,即战略远见,这恰恰是企业格局的核心要义。《孙子兵法》上讲:"兵者,国之大事,死生之地,存亡之道,不可不察也。"这里的"察"讲的就是审时度势的战略远见。"夫未战而庙算胜者,得算多也;未战而庙算不胜者，得算少也。多算胜，少算不胜，而况于无算乎？吾以此观之，胜负见矣。"此处的"庙算"讲的也是战略远见。

著名军事理论家克劳塞维茨在《战争论》中指出："面对战争中的不可预见性，优秀指挥员必备两大要素，这两大要素在和平时期一个也看不出来，但在战争时期绝对管用。第一，即便在最黑暗的时刻也具有能够发现一线微光的慧眼；第二，敢于跟随这一线微光前进的勇气。"这里强调的就是战略远见对于指挥员打赢战争的重要作用。"人无远虑，必有近忧"，这个说法中国企业家大都非常熟悉，但真正理解其重大意义的人却很少。只有少数具备高度"忧患意识"的企业家才明白其中的奥妙。

管理学之父彼得·德鲁克曾说："战略不是研究我们未来要做什么，而是研究我们今天做什么才有未来。"从这个意义上而言，战略远见是一个组织在以未来愿景审视当下时所具有的洞察力和战略高度，至少包括两个层面：一是"去哪里"，即能清晰描绘一个激动人心又可实现的未来目标；二是"如何去"，即能明确实现这一目标的主要路径。那些持续成功的企业，它们的领导者都具有非凡的远见和魄力，总是可以清醒地面对变化，提前做好准备。人们认为企业的成功源于其创造性地开辟了新的商业领域，其实背后都源于其领导者对企业方向的战略谋划和远见卓识。

那么，战略远见对于企业反撕裂到底有什么意义呢？一方面，战略远见可以起到"定海神针"的作用。战略清晰，对于塑造一家稳健发展的企业尤为关键。如果一家企业拥有了战略远见，那么就能减少机会主义的行为，不被眼前的迷茫所困惑，一切工作和各项活动都能从长远和全局出发，做到远期与近期结合，局部与整体结合，而不是图一时之利；在遭遇任何市场变化时都会因为已采取相应的应对策略，而能进退自如，不至于措手不及、难以挽回局势，从而确保企业稳定可持续地向前发展。

华为就是一家具有战略远见、善于居安思危的企业。首先体现在它坚定不移地执行国际化战略。20多年前，华为就开始了全球化布局。任正非在2001年欢送海外将士出征大会上发表了名为《雄赳赳 气昂昂 跨过太平洋》的讲话，在这篇讲话中，他说："在这样的时代，一个企业需要拥有全球性的战略眼光，才能发奋图强；一个民族需要汲取全球性的精髓，才能繁荣昌盛；一个公司需要建立全球性的商业系统，才能生生不息。"华为国际化采取的是引进来和走出去相结合的策略。引进来，即引进先进管理经验、国际人才、世界先进技术；走出去，即参加各种大型展览，在海外设立研发基地、办事处，开拓海外市场等。

其次体现在它始终专注于技术研发。它从公司只有几百人时就开始专注于移动通信的研发，对准一个"城墙口"冲锋，到有几千人、几万人、十几万人的时候，还是对着同一个"城墙口"冲锋，华为每年研发经费投入150亿～200亿美元。华为还重视吸引基础科学研究人才，在2019年接受采访时，任正非透露，华为已聚集了700多个数学家、800多个物理学家、120多个化学家，以及6000多位专门从事基础研究的专家。

最后体现在它具有强烈的危机意识。2000年，华为跃居全国电子百强企业首位之时，任正非在内部发表了一篇文章《华为的冬天》，大谈危机和失败，他写道："公司所有员工是否考虑过，如果有一天，公司销售额下滑、利润下滑甚至会破产，我们怎么办？我们公司的太平时间太长了，在和平时期升的官太多了，这也许就是我们的灾难。泰坦尼克号也是在一片欢呼声中出的海，而且我相信，这一天一定会到来。"2012年，华为做出了极限生存的假设，在这一年的一次内部讲话中任正非表示："我们现在做终端操作系统是出于未来战略的考虑，如果安卓系统不给我们用了，我们是不是就傻了？同样地，我们在做高端芯片的时候，我们并没有反对要买美国的高端芯片。只是他们不卖给我们的时候，我们的东西稍微差一点，也要凑合能用上。我们不能有狭隘的自豪感，这种自豪感会害死我们。"2019年，华为被美国列入了实体清单，不管是华为海思芯片的一夜转正，还是呼之欲出的华为鸿蒙操作系统，都是任正非提出的"唯有惶者才能生存"的最好例证。华为也正是依靠这样的战略远见，引导员工在面对困难和打压时空前团结、毫不屈服、不懈奋斗。

当然，战略远见不仅在于"知"，更在于"行"。一家富有远见的公司不仅要看到行业未来发展的趋势和方向，而且要为此做好充足的准备，否则也容易导致过度撕裂甚至倒闭。柯达作为曾经的世界最大影像产品及相关服务供应商，虽然也预见到了行业发展的方向，但因无法采取应对技术变革的有效行动而轰然倒下。

早在1976年柯达就开发出数字相机技术，1991年就能生产130万像素的数字相机。但到2000年柯达数字产品的销售收入仅有30亿美元，只占其总收入的22%。尽管柯达各部门在2000～2003年的销售业绩只有微小的波动，但销售利润却下降得十分明显，尤其是影像部门呈急剧下降趋势，由2000年的143亿美元锐减至2003年的41.8亿美元，降幅高达约71%。在从"胶卷时代"进入"数字时代"之后，柯达昔日的辉煌也似乎随着胶卷在影像市场中份额的锐减而不复存在。2011年9月柯达遭遇破产传言的严重打击，股价跌破1美元，2013年8月柯达破产。纵观柯达从辉煌到破产的历程，很多人可能认为其高层只顾自己的现有利益，面对挑战不作为。实际上，尽管其高层看到了未来趋势，也愿意做出改变，但由于对传统胶片的路径依赖，造成柯达将大量资金长期用于对传统胶片工厂生产线和冲印店设备的低水平重复投资，挤占了数字技术和市场的投资份额。再加上庞大的组织与高昂的重组成本、庞大的厂房等固定资产、胶片的高利润与原有利益所得者的压力,导致内部高度撕裂,实现重大变革困难重重,昔日的"护城河"变成了今日的包袱,一代"影像巨人"最终被自己的包袱压垮了。

另一方面,**战略远见也是员工成长的"指路明灯"**。对于任何一个组织而言,只有让组织的大部分成员都充分认识到未来发展方向和目标,才有可能积蓄起足够的动力和凝聚力,且力出一孔。如果员工对企业的发展方向没有任何概念,那么员工永远是一盘散沙,无法真正释放出其自身的潜能。没有战略远见的企业看不到未来,自然无法凝聚人心,不能形成合力。如果一家企业具有令人信服、富有想象力的战略远见,而且这一战略远见是与员工的个人发展目标关联在一起的,那么就会让员工跳出今天、看到未来,就会激励员工点燃心中的梦想之火,让员工有崇高的使命感和目标感,让员工有机会打破自身在组织中成长的天花板,看到未来更大的发展空间,从而充分调动每一个人的积极性、主动性和创造性。比如,一家创业企业在成立之初就需要创始团队思考战略目标,对于新加入企业的员工而言,要让他们能够了解这家企业未来是什么样的,明确战略目标会增加员工的动力,使员工认为这是一家有理想、有未来的企业。员工知道了未来的目标以后,大家就有了合作的基础,就可以做到志同道合,企业也就知道哪一部分人可以与自己走得更远。所以,**战略远见可以用来选择走得更远的人。**

当然,企业发展的内外部环境是不断变化的,因此战略远见还体现为企业战略的及时调整，即具备战略弹性，这样可以使得在环境发生剧变时企业不至于撕裂。一方面，企业要提升"识变"能力。企业首先应该是一个开放的系统，能够全方位地接触到来自企业外部环境的各种变化并进行有效管理，同时，还要建立危机管理机制，对外部环境中变化较大的因素进行动态分析。另一方面，企业必须建立新竞争形势下的思维模式，强化企业应急战略体系的构建，保持企业发展战略与外部环境变化的及时互动。比如，企业可以通过率先建立行业标准，以及首先创造全新的市场应用场景，主动影响未来情境以更快应对变化。这属于最为积极的造势机制。

用财散赢得人聚

一个好的战略可以令员工激动一时，但要持续增强凝聚力，还需要重构利益格局，让员工的个人利益与企业目标有机结合。一家企业的高管说，开会讨论战略目标时，即便提出一个宏伟蓝图，员工也经常愁眉不展。问一些员工为什么这样，他们说："我们也知道企业要发展，可是我们也要生活，今年还想再赚点钱换大房子。"

与老板的宏伟蓝图相比，员工更加务实，他们更关注个人实际回报。管理者一旦没有处理好组织目标和员工个人利益的关系，就可能导致老板累死累活，而员工无动于衷。如果一家企业不善于让利，无法将企业发展与员工利益挂钩的话，就难以形成强大的凝聚力。反之，如果一家企业具有善于让利的格局，懂得财散人聚的道理，哪怕起点很低，基础不好，也有可能聚才聚力，实现快速成长。

广东的温氏股份就是一家深谙财散人聚这一朴素道理的民营企业。在饲料行业，传统的做法是，工厂把饲料生产出来，然后交给经销商，基本到这里就结束了。但温氏股份认为，经销商的客户是农户，要想真正做到以客户为中心，就要切实保障农户的利益。在温氏股份创立之初，创始人温北英就提出"场户结合""代购代销"的模式，与周边的农户展开合作，形成了"公司+农户"模式的雏形，并带动鸡场经营效益明显提高。公司利润从1986年的5万元飙升至1988年的37万元，公司股东也均跻身中国农村第一批"万元户"之列。但1989年国际、国内市场发生巨大变化，肉鸡销售市场低迷、价格下跌，而与公司签约的农户增多，供应过剩。当时面临的一个困境是，如果继续实行"代购代销"的办法，可保住公司的利益，但农户的利益必然受损。在利益的考量面前，温氏果断把原来的"代购代销"变为"保价收购"，拿出一大笔钱补偿农户，为此公司甚至差点破产。

此举保住了农户利益不受损，也保住了农户与公司合作的积极性，稳固了"公司+农户"这一经营模式。在之后的几年，温氏股份一路高歌猛进，成长为区域性品牌。2007年，温氏股份成功跨入广东省首家销售额达百亿元级规模的农业龙头企业。2013年发生H7N9型禽流感疫情，养殖业再次遭遇危机，温氏股份又拿出36亿元补贴给养鸡农户，再次牺牲公司利益保护农户。温氏股份始终坚持以客户为中心，优先保障农户的利益，不与农户争利，不将市场风险转嫁给农户，给公司积累下极高的信誉，与农户形成了紧密的合作关系，成为全国唯一大规模成功实现"公司＋农户"模式的公司。

温氏股份还被誉为农牧行业的"华为"，通过员工持股来激励员工的积极性，与员工分享利益。在温氏股份有个传说，"你在清华大学随便遇到的一位老人很可能就是大师；你在温氏股份随便遇到的一位保洁员可能就是个千万富翁"。温氏股份最早是由温北英在一个村子里，组织了7户人家，凑了8000元钱起家的。1993年，温氏股份实行了员工持股的股份合作制，主要干部和骨干员工都持有公司股份，员工既是公司股东，又是公司员工。到1999年，公司变更为有限责任公司，股东包括46名自然人和工会（工会代广大员工持股），此时公司注册资本已达1.1188亿元。2012年，公司变更为股份有限公司，持股员工人数已增至6789人，员工持股占比49.57%，而最大个人股东只占3.34%。2015年11月，公司完成创业板上市。上市后市值最高时达2720亿元（曾超越深圳主板的平安银行、万科等知名企业），成为创业板第一股，创造了农业发展史上的一个传奇。上市后，持股员工也因此身价飙升，据统计，整个公司的亿万富翁近50人，上千人成为千万富翁。

温氏股份股权极为分散，上市前或上市后均无持股5%以上的单一股东，各单一股东的持股数及持股比例均较小，现在最大股东为温鹏程，持股比例为4.09%。温鹏程等11名温氏家族成员为公司的创始股东或与创始股东关系密切的家庭成员，上市时温氏家族成员合计持股占公司总股本的16.74%，持有公司股份时间长，持股情况稳定，掌握着公司的相对控股权，为公司的实际控制人。

为进一步稳定温氏家族的控制权，温氏家族11名成员在上市前签署了《关于广东温氏食品集团股份有限公司的一致行动协议》，约定在股东权益行使方面保持一致。

2018年、2019年实施了两次限制性股票激励计划。其中第一次限制性股票激励计划的对象为包括公司高管、核心业务人员在内的共2000多名员工，拟授予不超过10 035万股的限制性股票，占公司股本总额的1.92%。第二次限制性股票激励计划的对象涵盖了公司基层、中高层干部和核心技术（业务）骨干人员，向2822人授予不超过12 097万股的限制性股票，占当时公司股本总额的2.28%。其中，预留500万股，作为未来补充人才、持续吸引人才的支撑。

温氏股份模式的成功与温氏股份始终处于快速发展期分不开，它用发展化解了股权分散的问题。员工持股的公司在畜牧行业还是比较多的，但大多集中在创业期的小公司，没有做大就牺牲了，或者出现了问题。公司发展不够快，员工又有股份，于是在利益分配和公司发展方向上就会产生分歧，造成内耗过大。反观温氏股份，在高速发展过程中，员工因持有股票而享有发展成果，同时大量新出现的岗位又为员工的职业发展提供了空间，股份合作制成了温氏股份发展进程中的隐性力量。

另一个互利共生的例子，就是小米打造的生态链"竹林效应"。

企业就好比一棵竹子，如果没有生长在竹林里，就没有发达的根系，容易枯萎，而形成竹林生态之后，因根系交织一起，竹子成长更快速。这种生态链合作模式，一方面可以让企业在专业领域内精耕细作，另一方面又可以让企业借助生态链放大资源的价值。

很多企业在进入小米生态链之前，都只是无人问津的小企业，但加入小米生态链之后就可以得到各种资源支持——品牌背书、供应链、产品研发设计、渠道、营销、售后服务，等等。同时，小米生态链还通过主动降低利润，最大程度让利给消费者。市面上的大多数产品，要么便宜却低质，要么质量高但昂贵。小米对生态链产品定价的话语权很强，售价几千元的空气净化器，只卖699元；原价两三千元的扫地机器人，只卖799元；市价800元的手环，只卖79元。

紫米科技是一家由小米生态链孵化的做充电宝的企业，当时市面上充电宝卖200元左右，小米竟然让紫米科技卖69元，而其成本是77元。不过，它的充电宝在小米官网上发售，第一个月就卖了60万个，第二个月卖了150万个。尽管看起来要亏本，但因为订单量不断增加，生产成本不断下降，最终还是实现了盈利。如今紫米科技已经是独角兽企业，7年里累计销量达到1亿个。如今的小米生态链，孵化企业超过270个，每年给小米贡献的营收多达几百亿元。

当然，企业成长不是一让利就灵，因此要学会让利，善于让利，否则财散了人也不一定聚，最后导致人财两空。**雷士照明的内斗与控制权之争就是一个典型的例子。**

1998年，吴长江和两位老同学共同出资100万元在广东惠州成立了雷士照明，吴长江出45万元，持股45%，另外两个人各出27.5万元，各持股27.5%。从股权结构来看，吴长江是占比45%的单一大股东，而相对于两位同学的合计持股，他又是小股东。当时他们商量的结果就是，大家跟着吴长江一起干，但是如果吴长江一意孤行的话，另外两个人又可以制约他。2002年，三个合伙人开始逐渐有了分歧，最核心的问题就在于赚的钱应该怎么用。吴长江一直主张赚了钱就要投入到公司再发展上，而其他两位股东希望赚钱后分红。为此，雷士照明进行了一次股权调整，三人的股份被均分成了三份，各占33.3%，而且工资、分红也完全均等。至此，雷士照明彻底变成了一家奉行平均主义的公司,然而这个平均主义的可怕之处在于,三个股东此刻的裂隙已经无法弥合。2005 年,三个创始人的矛盾激化,直接导致了年底股东彻底分家。经过投票,其余两股东被迫各拿 8000 万元离开雷士照明。吴长江这次反败为胜,获得了 100% 的控制权。然而,1.6 亿元的买断费用雷士照明是出不起的,最终决定两位股东先各拿 5000 万元现金,剩余款项半年内付清。但付完第一笔 1 亿元的股权买断费之后,雷士照明的资金链也极其脆弱,于是只好通过融资补足缺口,2005 年年底到 2006 年下半年,吴长江把全部精力都放在了融资上。

2010 年在香港联交所上市后,雷士照明逐步成为国内最大的专注于照明行业的领头羊。然而,谁也不曾想到雷士照明的创始人吴长江,在借助于资本的力量完美地解决了创业股东之间的纠纷后,又陷入了一场资本的"局中局",前后历经了几个阶段的控制权之争。2014 年 8 月,由于股权的一步步转让,吴长江在雷士照明的股权已降到了历史最低的 1.71%。在这种绝对的弱势之下,36 家雷士照明经销商中有 30 家都表示支持董事会决议——罢免吴长江。2014 年 10 月,吴长江因涉嫌挪用资金被惠州警方立案侦查。在这场争斗中,吴长江终于失去了他的江湖。兵败如山倒,随着吴长江的锒铛入狱,雷士照明的"吴长江时代"彻底落下帷幕。

连锁超市巨头沃尔玛和日用品制造商宝洁也曾经有过一段

相互较劲、互不让利的不愉快合作经历。

1962年,沃尔玛第一家折扣店开张,在随后的40年里,沃尔玛凭借"天天低价"的价格策略迅速扩张,成为世界第一大连锁店。在发展初期,沃尔玛在你死我活的激烈的竞争环境中,为了实现自身利益最大化和获得立足的筹码,不断压低进货折扣,致力于通过采购及人力成本的降低,最大限度地挖掘利润,使利润节节上升。从1970年至1980年,其利润由160万美元攀升至4120万美元,增长了近25倍。

早在1962年沃尔玛成立之初,全球最大的日化用品制造商宝洁就被沃尔玛选为供应商,并与之开始合作,但双方仅仅是纯粹的买卖关系,各自以自身利益最大化为目标,导致不愉快乃至冲突不断发生。沃尔玛为了实现自己的低价策略,企图通过大订单和不平等的送货条件等方式压低进货价,延长货款支付周期,甚至将宝洁的产品摆在角落里威胁宝洁降价。但宝洁不但不妥协,还要求沃尔玛提高销售价格并将宝洁的产品摆放在位置更好的货架上。

1962年至1978年,宝洁和沃尔玛都企图主导供应链,实现自身利益最大化。沃尔玛采用强势的价格策略,竭尽所能压低进货价,并声称任何一家企业都必须接受其价格政策。宝洁不甘示弱,其态度更为强硬,一直凭借自己强大的营销实力,企图严格控制下游的经销商和零售商,迫使沃尔玛等合作伙伴贯彻宝洁制定的营销战略和规定。沃尔玛和宝洁都凭借自身长期的优越感各行其是，最终导致了双方交流存在障碍和关系恶化，沃尔玛以清退下架的做法威胁宝洁，宝洁则以停止供货进行反击，双方的口水战以及笔墨官司更使得它们的争斗进入白热化阶段。然而，双方的冷战导致双方关系和利益在交战中都受到了重创。一方面宝洁的产品销售在美国国内受到了很大影响，另一方面沃尔玛经常被曝出"压榨供应商""恶性竞争"的丑闻。本可以锦上添花的合作，却成了一个败笔。其根源就在于双方都想将自己的利益最大化，寸步不让。

实际上，对于任何一家希望快速成长的企业而言，愿意让利是一种包容分享的伟大格局，善于让利更是一种凝聚人心的强大能力。当然，对于任何一位企业家来说，让利的基本底线是确保企业整体利益的最大化，让利的根本前提是确保不失去控制权，否则一旦损害了企业整体利益，就会造成员工利益的损失，也就违背了让利的初衷，使让利失去了意义。在这个底线和前提下，以客户利益和员工利益优先，可以使客户和员工的利益与企业发展紧密相连，在不同层面形成利益共同体、事业共同体，甚至命运共同体。

拿正道唤醒诚心

如今人们都在感慨，我们社会的价值观出了问题。有的人奉行金钱至上，有的人追求娱乐至死，有的人为了流量丧失底线。在互联网上，同学、朋友因对一件事、一个人的观点不一，就争得面红耳赤，甚至恶语相向、大打出手的情况并不少见。企业的价值观事件也屡见不鲜，十多年前的三鹿奶粉"三聚氰胺事件"是典型的唯利是图价值观在作祟，瑞幸咖啡造假爆雷反映的则是诚信价值观的严重缺失。可见，对于一家企业而言，如果价值观不正确，可能会导致其铤而走险，甚至丧失底线，走上违法犯罪的道路。

从本质上看，**一家企业有多大格局，最终还是由价值观决定的**。企业要成就一番伟大事业，必须首先确立一个正确的价值观，同时还要让这一价值观在企业内部获得高度认同。如果一个正确的价值观得不到大多数员工的认同，企业就缺乏灵魂和统一的意志，最后就可能导致分崩离析。

那么，如何通过价值观塑造一个强大的组织呢？让我们先看几个例子。

有这样一家公司，还没正式成立就着手研究提炼出了企业文化，在选择投资者时先看价值观是否契合，在招聘广告中旗帜鲜明地提出不欢迎的人才类型。这家公司就是阳光保险，成立于2005年，是一家快速成长的新兴保险公司。

成立之前，创始人张维功认为，股东是一家企业的根基，股东的理念将直接注入企业价值观的DNA。因此，股东不仅需要有资本，更要具备与创业者趋同的价值观，因为一家负责任的保险公司需要陪伴消费者整个生命周期，如果股东的价值观不同，必然会给企业未来的发展埋下隐患。当时，社会上对保险的认识还不成熟，要找到价值观相同、战略思想一致的股东，非常困难。在拿到牌照前，张维功和他的团队没有用股东的一分钱，他们在初创期可以说是非常艰难。没有资金支持，他们就从五星级酒店搬出来，长达八九个月没有办公桌，甚至不领一分钱薪水。他们马不停蹄地奔走于广东、江苏、山东等地，接触大量意向企业，平均一天要见好几拨。8个月跑了17个省，谈了389家企业，最后才确定要选择的股东。股东的价值观对初期公司治理的价值取向是非常重要的，由于股东的价值追求趋同，这让阳光保险可以放心大胆地实现高起点组建。

2004年12月24日，阳光保险终于拿到了监管部门批文，创业团队并没有狂欢庆祝，真正的创业之路才刚刚开始。张维功冷静思考着：阳光保险究竟要发展成什么样的公司？员工如何统一思想？他在当天晚上写下了五句话：集众家之长，取自我之道；聚业内人才，纳业外贤士；高起点组建，远战略发展；风雨中做事，阳光下做人；走精英之路，创阳光品牌。随后，创业团队并没有风风火火地投入到市场开拓中去创造营收，相反，张维功带着大家闭门"集训"4个月，潜心研究企业文化。这4个月的"集训"，让整个团队统一了认识，认同公司发展的目的、使命、核心价值观、企业精神等，这样所有人才有可能心往一处想，劲往一处使，团结一致向前进。大家确立了核心价值观,并逐步形成了独特的"阳光之道"。

阳光保险的招聘广告在当时非常另类,明确提出"不欢迎"12种人:曾在三家以上的同业公司工作过的;关心上级总是胜过关心下级的;对领导的决策从来没有异议的;决策只是源于经验的;很少看新闻联播的;把薪水和职务当作择业的首要条件的;从来没有自觉进行过爱心捐助的(单位组织的除外);提出有价值的观点数少于工龄数的;因严重违规受过监管部门处分的;过分关注同事工作之外的事情的;为公司购物从来不砍价的;每个月的个人话费总是不足百元或经常超过千元的。让人感到意外的是,这些带有拒绝意味的条件竟然成为吸引人的妙招,很多加盟阳光保险的人表示,他们因此而对公司更有好感。

阳光保险把共同成长作为根本追求,把关爱文化作为内核理念。多年来,阳光保险一直关心呵护员工成长,逐步设立了日趋完备的员工关爱计划。2008年阳光保险就为员工设计了人性化的"祝寿假",在每年父母过生日时,员工都可享有两天带薪假,可以回家陪伴父母,让老人享受天伦之乐。如果是"逢十"大寿,公司还会为员工父母准备祝寿礼金。2010年起阳光保险便启动了"员工父母赡养津贴计划",该计划规定:"凡入司满三年且父母有一方满60岁的员工,其父母可享受每月200元税后赡养津贴。"此举开创业内先河。2017年,员工父母赡养津贴计划再升级,入司十年的员工,其父母每月可拿到税后500元。截至2020年6月，已发放父母赡养津贴2.63亿元，有3万多名员工的父母受益。文化建设在企业的发展中展现了强大的力量，阳光保险开启了阳光速度。

看了这个案例，许多人可能会说，阳光保险是一家保险企业，知识型员工多，比较适合依靠价值观来统一思想和行为。那么，一家以农民工为主体的建筑施工企业能否通过价值观来塑造员工行为呢？答案当然是肯定的。

德胜洋楼（简称德胜）就是一家用价值观打造出来的建筑施工企业。 德胜建造的美式木结构住宅的质量超过了美国的标准，其员工手册《德胜员工守则》被誉为"中国企业的管理圣经"，再版几十次。这些成功源于德胜诚实、勤劳、有爱心、不走捷径的核心价值观。在这一价值观的引导下，德胜将文化理念、制度、流程、操作规范融为一体，使得文化倡导、制度规定、行为规范的内容相互衔接，集聚起了强大的凝聚力和向心力。

视员工为君子是德胜价值观的重要特征。德胜的管理层深信："制度只能对君子有效，对于小人，任何优良制度的威力都将大打折扣，或者是无效的。"德胜呼吁人们做合格的员工，努力使自己变成君子。其中最为外界所津津乐道的规定就是：财务报销不需要领导签字，上班不需要打卡，可以自行调休，甚至可以请长假去另外的公司闯荡，最长可闯荡3年，且保留工职和工龄。

成为真诚高尚的企业是德胜孜孜以求的目标。德胜花了很大的力量帮助员工做真诚的自己，使企业成为一个真诚的组织。具体来说，德胜的员工答应别人做什么事，都会马上拿出笔记下来，然后明确告诉人家做还是不做，什么时候做，能不能做到对方要求的程度。这种很"机械"的做法在别人看来可能很傻，但在德胜就被认为是很重要、很关键的事情。有一年，德胜对员工的处罚大概有一半都是因为没有戴工牌、没有带纸笔这种"小事"。

关注人的成长是德胜富有爱心的重要体现。每家公司都在讲"以人为本"，但怎样才算真正关注人，很多公司都说不清楚，而德胜却做到了。德胜善待每一位员工，利用公司文化把以农民工为主的员工塑造成了产业工人和绅士。同时，德胜在内心深处关注"人"。这说起来很容易，比如对于员工捐款，很多公司都抱着多多益善的态度，而德胜明确地告诉员工，你只要捐出你身上现有现金的 1/20 就够了。这既让人没有压力，又让人对自己的行为觉得很自豪，因为做了正确的事。这就是真正的人性化。

在制度上"把话说透"是德胜文化落地的重要保障。《德胜员工手册》以生动事例向员工诠释了核心价值观，让员工明白应该做什么、不能做什么。上岗之前，所有施工人员都经过操作规程的培训，人手一本操作规程手册，从地基、主体结构到水电安装、油漆、装饰等各个方面，手册上都有详细规定。

比如，在木板上钉钉子时，必须保证两个钉子之间的距离是六英寸^㊀，不能是六英寸半，也不能是七英寸；所有插座上的"一字"螺丝，上面的"一"都要整齐地呈一字对齐；地板油漆只能白天刷，不能晚上刷，以防出现色差等。在德胜财务人员的办公桌上，都放着一个铭牌，上边印有"严肃提示——报销前的声明"，尽管员工报销不需要领导签字，但是报销前必须认真聆听财务人员宣读声明："您现在所报销的凭据必须真实及符合《财务报销规则》，否则将成为您欺诈、违规甚至违法的证据，您必将为此受到严厉的惩罚并付出相应的代价，这个污点将伴随您终生。"在任何时候，任何人的报销都有这个程序。

本章核心观点

1. 一个组织的格局，代表着组织的方向和灵魂，影响着团队的使命和激情。一家企业如果具备了超拔大气的格局，冲突和纷争自然会减少，撕裂发生的概率会小很多。

2. 许多企业之所以出现撕裂现象，在很大程度上与管理者格局小密切相关。"格局小"在企业中主要表现为

㊀ 1英寸＝0.0254米。

战略上的机会主义、管理上的效率主义、工作上的本位主义、利益上的独享主义。

3. 如果一家企业拥有了战略远见，就能减少机会主义的行为，不被眼前的迷茫所困惑，一切工作和各项活动都能从长远和全局出发，做到远期与近期结合，局部与整体结合，而不是图一时之利。

4. 愿意让利是一种包容分享的伟大格局，善于让利更是一种凝聚人心的强大能力。如果一家企业具有善于让利的格局，懂得财散人聚的道理，哪怕起点很低，基础不好，也有可能聚才聚力，实现快速成长。

5. 企业要成就一番伟大事业，必须首先确立一个正确的价值观，同时还要让这一价值观在企业内部获得高度认同。如果一个正确的价值观得不到大多数员工的认同，企业就缺乏灵魂和统一的意志，最后就可能导致分崩离析。

04 第四章

前置力：超前管理撕裂

> 凡事预则立，不预则废。
>
> ——《礼记·中庸》

最好的管理，是把问题消灭在发生之前，而不是等它发生后再去解决。这就是一种超前管理思维。对企业撕裂的管理必须提前预警和超前应对。超前管理背后体现的是企业家的前置力：一家企业如果能做到超前管理，具备前置力，那么一定不会在遇到危机时极为脆弱地倒下去。

前置力是把危机消灭在萌芽中

"凡事预则立,不预则废。"这句话的意思是无论做任何事,提前有准备就会成功,否则就会失败。虽然严格来说这句话有所偏颇,但其核心意思——做事要有"提前量"——却非常重要。**对于企业家来说,把危机消灭在萌芽中,就是最好的前置力。**但是,要具备前置力并非易事,一方面真正能居安思危的人并不多;另一方面企业面临的随机事件和问题太复杂,智者千虑必有一失,再有经验的人也无法预料未来的一切,或者即便有了危机的迹象但一时半会也难以察觉,甚至察觉了也不会迅速做出反应。然而,即便如此,企业家也必须让自己具备危机意识,刻意培养自己的前置力。

危机可能是内部撕裂带来的,比如合伙人价值观不一致、股权分配不合理埋下的隐患;也可能是外部突变导致的,比如2020年新冠肺炎疫情的暴发、2021年"双减"政策的出台等让很多企业顿时陷入困局。

不管是什么原因导致危机,企业获取前置力通常有两种方式:一是企业家具备超前的直觉,没什么根据,就是凭借个人第六感提前做出判断;二是企业家基于过往的经验和教训来预见未来,将可能爆发的撕裂控制在最小范围内。

2020年新冠肺炎疫情的暴发,让企业家迅速分裂成两个阵营:一个是具备前置力的企业家阵营,另一个是缺乏前置力的企业家阵营。我们来看一下餐饮创业者 L 是如何用前置力应对疫情危机的。

餐饮业是受疫情影响最大的行业之一。在餐饮企业中，供应链是对疫情最敏感的部门，而且供应链断了，一切就都断了。

2020 年 1 月 8 日，在看到相关报道，并结合自己之前的创业经历预判到疫情很可能导致物资短缺后，L 专门给供应链部门下达了一条特别指令，很简单："不管这次疫情严不严重，我们都要加大力度备货。"

在平时，除了饺子外，这家公司的 SKU（库存保有单位）有 200 多个品类，其中重点品类的仓储周转频率是 1 个月 4 次，也就是 1 周备 1 次货。春节期间考虑到放假和节后客流恢复周期等因素，最多比平常多备 1/3 的货。

然而，战时备货与平常不同。在接到 L 的特别指令后，供应链部门负责人立即做了三个决策。

一是在春节正常备 7 天货的基础上，重点加大对消耗快和保质期长的物资的采购力度，直接把备货量增加到了 35 天的货，为原来的 5 倍。其中，消耗快的品类有打包餐盒、辣椒油、醋等，像打包餐盒就备了 800 多箱，而鸡腿、牛腱、小凉菜等冷冻品保质期长达 12 个月，也都超常采购入库。超量的备货甚至让餐盒供应商的人觉得奇怪："你们要这么多打包餐盒干吗？"其实道理很简单，一旦疫情暴发导致堂食停售，只能加大外卖力度，此时打包餐盒就可能摇身一变成为身价百倍并且很难采购到的稀缺物资。

二是加大主打产品的备货量。供应链部门下达给两个自有工厂的备货量，从平常的 3500 件一下提升到 13 000 件，接近原来的 4 倍，以防工厂停工难以供应。

三是快速采购口罩和消毒用品。2020 年 1 月 19 日公司年会当天，供应链部门就开始大批量采购防疫用品，此时"虽然口罩和消毒水比较难采购，但并不缺货"。供应链部门负责人的执行力很强，直接找到长期合作的一家口罩供应商，用不到 0.3 元/只的价格购入了 300 箱口罩，每箱 10 盒，每盒 50 只，共计 15 万只。

当时，连这位供应链部门的负责人自己都觉得采购多了，但回过头看，这绝对是一个英明之举。

在采购口罩时，这位供应链部门的负责人还聪明地采用了一种风险对冲机制。她跟口罩供应商的人说："我先买这么多，如果用不完再退给你，反正保质期很长。"对方同意了。这样一来，既不会有压货压资金的问题，还让自己有了足够的风险管理弹性。

对重点品类的超常备货和防疫物资的超常采购，让这家餐饮企业挺过了复工前的停滞期。然而，即便预判得很准确，创始人依然说自己有两个"没料到"。

"我最担心的就是一旦疫情暴发，必定会造成物资短缺，但我真没料到短缺会那么严重。"这是第一个"没料到"。

"我想到初七不能正常复工，肯定会延期，但没料到会延这么长时间。"这是第二个"没料到"。

这两个"没料到"背后，恰恰就是高度不确定性给企业带来的巨大风险。企业永远在与不确定性做斗争，企业家、创业者是一群必须在不确定性中快速决策的人。这也正如字节跳动创始人张一鸣所说："CEO是所有不确定性的最终承担者。创业决策的最优解不是一个确切的数字，而是一个概率分布，要'尽量做出最佳决策'。"

对于仍处在高速发展期的创业企业来说，当不确定性来袭时，用战时思维超前备货，就是在对冲可能的巨大风险，这能让企业多喘几口气，而不是"猝死"。有太多企业不就是因差那么一口气而没挺过去吗？

前置力是有价值的，超前管理可以变被动为主动，为企业创造两类价值：第一类价值是规避沉没成本，第二类价值是掌控管理主动权。规避沉没成本讲的是通过具备前置力，将未来的问题提前到当下进行分析和管控，可以规避大量不必要的投入和相应的风险；掌握管理主动权讲的是可以提前做出预判，让战略和运营更平稳地落地。

前置力不只是一种提前量思维，更有具体落地的方法。我们通过前期大量企业调研发现，**企业家们在实践中通常会用三种前置方法：一是防微杜渐式前置，二是冗余式前置，三是价值观前置**（见图4-1）。

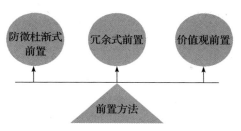

图 4-1　三种前置方法

所谓防微杜渐式前置，即当企业出现微小问题时就要引起警觉，而不是听之任之，因为很多迹象看上去是小问题，其实是潜在的大问题的信号。正如鬼谷子所讲："巇者，罅也。罅者，涧也。涧者，成大隙也。"

所谓冗余式前置，是指复制一个自己当备份。备份自己意味着要投入几乎两倍的资源做同一件事，看上去是对资源的浪费，但价值巨大——当企业在发展过程中有可能出现重大挫折时，通过冗余式前置会避免仓促死亡的发生。根据墨菲定律，如果事情有变坏的可能，不管这种可能性有多小，它总会变坏。这么来看，冗余式前置是一种解决墨菲定律问题的方法。

所谓价值观前置，是指在企业发展早期用价值观进行前置管理。比如，企业在招募新合伙人时把价值观作为一个重要的评价维度，在开新店时把店长的价值观与企业匹配作为关键选择标准，等等。理想的组织一定不是多个人的简单叠加，而是一群有共同价值观的人的集合。在"人"的层面，排在第一位的无疑是价值观，而不是人的背景和能力。

前置力的核心是一种超前管理。那么，超前管理的本质又是什么？

超前管理是美国管理问题咨询专家普拉凯特和黑尔在《超前管理》一书中提出的一种管理方法。这种管理方法的核心，是通过对各种复杂的情况进行分析，对将要发生的问题做出提前判断和超前处理，力求消除那种只在出现问题后才仓促应对的做法，使管理者获得一种驾驭事物的能力，从而极大地提高管理效能。超前管理理论认为，及时发现并有效地消除管理活动中的各种随机性问题，是现代管理的关键，而解决各种随机性问题的超前管理有一系列方法。

在我们看来，超前管理的核心是逆向管理，是一种预复盘。**所谓预复盘，就是对尚未发生但有可能发生的企业撕裂，提前推演结果并对该结果进行复盘**。人大多都期望自己拥有超前的预判能力，拥有一颗预知未来的心。学会预复盘方法，必将提升自己的预判能力和前置力。总之，前置力应该成为企业家有意识进行培养的一种能力。下面两节，我们分别来看企业怎么通过冗余管理实现冗余式前置，以及如何用价值观选人实现价值观前置。

冗余管理：对冲撕裂

在产品和工程设计中，有一种设计方法叫"冗余系统"设计，即为了增加系统的可靠性，采取两套或两套以上相同、相对独立配置的设计。用通俗的话来讲就是"未雨绸缪"，复制一个自己当备份。

如果把这种设计方法应用到企业管理中，就是一种"冗余管理"。但是，复制一个自己当备份的做法看似很不理性——耗费两倍甚至多倍资源做同一件事，岂不是自讨苦吃？

然而，对于有远见的企业来说，这反倒是一种理性的做法。可以这么想，一旦企业遇到外部撕裂（比如供应链断裂或核心零部件断供）导致企业突然死亡，如果事前有一套备份让自己可以继续活下去，两相比较，这个投入产出是不是很值？完全值得。当然，实现冗余管理有一个核心前提——企业要有冗余资源，要能投得起两倍甚至多倍资源。

华为的冗余管理曾被人们津津乐道。

2004年，任正非就提出一个极限生存的假设：如果有一天，所有美国的芯片和技术我们都无法获得了，华为该怎么生存下去。在当时很多人都觉得这个假设匪夷所思，美国怎么可能有钱不赚呢？任正非坚信自己的判断，很快启动了"备胎计划"。

2019年5月，美国开始全力打压华为，将华为及其关联企业列入美国商务部工业与安全局的"实体清单"，从而禁止华为从美国进口元器件——芯片。这个"以为永远不会发生的假设"成了现实。于是，华为开启了悲壮的"长征"。

2019年5月17日凌晨2点,华为旗下芯片公司海思半导体的总裁何庭波发布了一封致员工的内部信:"多年前……公司做出了极限生存的假设,预计有一天,所有美国的先进芯片和技术将不可获得,而华为仍将持续为客户服务。为了这个以为永远不会发生的假设,数千海思儿女,为公司的生存打造'备胎'……今天……所有我们曾经打造的'备胎',一夜之间全部转'正'……这些努力……确保了公司大部分产品的战略安全……不会再有另一个十年来打造备胎然后再换胎了,缓冲区已经消失,每一个新产品一出生,将必须同步'科技自立'的方案……"

虽然付出的代价巨大,但它保证了华为不会瞬间死亡。华为的冗余管理,实质上是"逼迫"自己进行极限生存——提前预判自己的安全底线,并培育相应的能力。

极限生存是应对企业出现"极端"情况的一种方式。通常来说,潜意识里人们会觉得发生这种极端情况的概率不大,但企业的经营风险和管理风险无处不在,尤其在当前不确定性极高的环境下,一些隐性风险很难预测,一旦发生极端情况,就会导致企业颠覆。所以,**冗余管理是针对发生概率极小但后果极严重的隐性风险进行的超前管理。**

从人性和管理逻辑来说,企业家会反感"冗余管理"这个词,因为"精兵简政""降本"和"裁员"等才是企业面对危机时经常采用的管理手段,"冗余管理"恰恰是与企业家的常规思维相悖的方法。然而，对于处在创新时代的企业来说，"冗余管理"是一种创新思维，通过适度"浪费"为企业提供底线生存能力，通过适度"浪费"鼓励内部竞争和试错，反倒是必需品。

所以，冗余管理并不是浪费，而是企业对冲撕裂的一个妙招，让自己活下去的一个良策。那么，企业有哪些冗余管理方法？

具体来说，有三种冗余管理方法：资源冗余管理、组织冗余管理、能力冗余管理，这就构成了冗余管理框架（见图4-2）。

图4-2 对冲撕裂的冗余管理框架

资源冗余管理

这是指企业建立资源缓冲带，以便在急迫时有相应的资源能够顶得上去。有远见的企业家往往会做同样一件事情，即不把全部资源投入当下的业务，而是留出一部分资源来应对未来的事。华为的"极限生存"就是一种资源冗余管理。

组织冗余管理

这是指设计冗余型组织，让企业在组织架构上具备应对极端情况的基础。说到这儿，就要讲讲腾讯公司开发微信的例子。

在新浪微博兴起并得到用户认可后，腾讯感受到危机，也想做一个腾讯版的微博。但通过后发模仿新产品，很难真正战胜原来的对手，必须开发不一样的产品才能获得用户青睐。此外，虽然当时QQ仍如日中天，但马化腾意识到QQ早晚会被替代："与其被别人替代，不如自己革自己的命！"

通常来说，企业主流的做法是成立专门的产品研发团队，给予经费支持，进行新产品的研发、迭代和验证，最后推向市场。然而，马化腾却用了一种"内部赛马机制"，即同时成立并行的三个创新产品研发团队，让这三个团队在腾讯内部研发基于手机的通信软件。这三个团队分别是成都团队、深圳团队和广州团队，每个团队的设计理念和实现方式都不一样，三个团队多路并进，互相竞争。其中，广州团队，就是张小龙团队，来自原广州研发部QQ邮箱团队，这个团队开发出的微信最受用户青睐，最后赢得了竞争。微信成熟之后，腾讯对组织结构进行了调整，先是将微信产品中心与邮箱产品中心分开，之后又将微信提高到事业群组高度，成为腾讯的七个事业群组之一。同期的其他团队则拆散重构，被吸收进新的团队，开发新的产品。

作为腾讯战略级创新产品，微信的开发采用了多团队并举的内部创业组织方式，让每个团队在不确定的环境中探索，组织和人员始终处于一种动态的平衡，最终为企业贡献一种最有生命力和竞争力的产品。这不禁让人想起了"灰度理论"。

灰度理论是指一家企业的清晰方向和创新产品，并非源于确定的过程，而是在混沌和不确定的探索中产生的，是从"灰度"中脱颖而出的。创新产品的方向会根据试错的情况而调整，不清晰是常态，清晰是最终态。**灰度理论要求企业领导者具备从灰度中寻找正确方向和创新产品的能力，而合适的灰度来自宽容、妥协与对冗余的管理。**

然而在现实中，很多企业领导者并不具备这种能力，他们不是从混沌中寻找方向、从不确定性中寻找确定性，而只是根据自己以往的经验和直觉进行决策判断，他们更不愿意用内部试错的冗余管理来获取答案。这些做法的背后，是不能沉下心去激发各种可能性。不激发各种可能性，就无法找到背后潜在的方向并抓住巨大的红利。在当前这个科技巨变的时代，创新是企业生命力所在，寻找可能性、通过试错抓住机遇比花费资源更重要，这就是腾讯"内部赛马机制"冗余管理的智慧所在。

在外人看来，内部竞争式的组织冗余是一种资源浪费，但在智慧的决策者眼中，这种内部试错是激发灵感的源泉，是推动成功的关键一步。

能力冗余管理

这是指培育超过当下需求的能力，以便在未来急需时或者需要转型时让其迅速发挥作用。Google X 实验室就是一个为未来培育全新能力的独特场所。

谷歌本就以鼓励员工创业的 20% 时间制度闻名于世，但随着 20% 时间制度逐渐遇到各种问题和实际上的衰落，为了寻找全世界最不可思议和超乎想象的高科技产品，也为了给企业储备"未来"，更为了让员工有充足的自由度发挥创造性，谷歌创立了 Google X 实验室。

在这个谷歌内部最核心的前沿技术实验室中，数位顶级专家致力于研发"科幻级"硬件，比如太空电梯、瞬间移动、移动住房单元、冷核聚变、海水燃料等。虽然这些项目有些并没有真正执行，有些至今仍未研究出结果，但 Google X 实验室鼓励这样的"荒唐"想法，并且给予资金和技术支持。事实上，从主营业务的角度来说，这种能力的培养并不能直接支持主营业务的现金流，但能带来企业持续发展的可能性。

谁需要进行冗余管理？通常来说有三类组织：第一类是需要极限生存的组织，第二类是需要激发内部活力、推行内部赛马制的组织，第三类是有梦想、以创新为使命的组织。当然，冗余管理不是大型企业的特权，中小型企业同样可以这么做，只是在体量和规模上需要适当缩减。

下一个问题，如何进行冗余管理？可以采用如下"三步法"。

第一步，提前判断自己的安全底线和最大威胁，也就是进行风险扫描。

第二步，反推出冗余管理要达到的最低目标，如新产品研发目标、人员配备目标等。

第三步，确定采取哪种冗余管理方法，掌控冗余管理节奏。

写到这儿，我们想再表达一个核心观点：**极限生存是福**。

在如今全球局势剧变、中国企业遭受巨大打压的背景下，类似华为这样的极限生存不再是企业的可选项，而是必选项。每个企业创始人都必须清醒地认识到这一点，越是行业的头部企业，越是有希望的高科技企业，越要有极限生存意识。

一家企业能极限生存，至少说明了两点：一是认知到位，在活得好的时候就寻找自己的安全底线；二是有极限生存的能力，绝大多数企业不具备极限生存的能力，直接倒掉。一家习惯了极限生存的企业，最后一定是把极限生存当成了常态。

企业设立安全底线的实质，是提升自身的抗压力。企业每一刻都可能死亡，危机更是会猝不及防地到来，你必须提前打造一个抗压的安全底线。只要未雨绸缪，把最坏的情况想到，就不会在高度不确定性来袭时手足无措。高科技企业如此，消费类企业亦如此。

当一家企业把极限生存当成了常态,再大的危机都不是事儿;当一个创始人有了冗余管理能力,再大的撕裂都可以提前化解。

学会用价值观招人

2020年6月的一天,我们在北京中关村国际创新大厦里访谈了一位从某部委下海的创业者。他脸颊消瘦、双眼有神、语速很快、声音洪亮。访谈时,我们问了他一个听上去很虚的问题:企业价值观对解决企业内部问题有什么用?

通常来说,企业家对这类问题的回答也会比较虚。出乎意料的是,这位创业者讲述了他自己用价值观招人的例子。

用价值观招人?这个话题让我们顿时来了兴趣。

这是一家科技型公司。在创始人眼中,科技型公司应该具有两个重要特质。第一个是"有思想"。招进来的每个人都应该有自己的思想,而不是"算盘珠式"的执行者。"我们一群不听话的人创造一家科技型公司,不想让大家有思想上的压抑。"基于这种考虑,公司提出"思想多元,行动统一"的理念,也就是员工的学科可以跨界,思想可以多元,但一旦达成一致就要统一行动。

第二个是"风气正"。科技型公司应该靠自身的科技实力和创新产品创造价值，而不是靠走后门拉关系，更不是靠喝酒公关甚至商业贿赂获取资源。这位创始人说："从办公司至今，我只喝了一次酒。"于是，公司又提出"风气正"的理念。

正是基于这两个理念，这家公司最终提出了"风清气正、多元统一"的价值观。

下一个问题是，为什么在招人时会将价值观作为评价标准？公司创始人讲了两个原因："首先，考核很麻烦，如果人选对了，后面基本不用考核，而价值观相同是选对人最重要的一条标准，我们会寻找与公司价值观匹配的人；其次，找到具有相同价值观的人，就能用价值观推进公司的所有环节，其实也为后期节省了大量沟通和协调成本。"于是，每次到了面试的最后一关，这位创始人和人力资源部负责人都会跟面试者"神聊"——不聊专业问题，只是漫无边际地聊天，甚至欢迎面试者提出疑问和相反意见。这种做法看似不靠谱，实则是在考察面试者与公司价值观是否相符。

这位创始人用价值观招人的做法让我们思考良多。企业在发展过程中会遭遇各种撕裂和矛盾，而价值观撕裂是其中最大的撕裂——平常我们感觉不到，但等企业发展到了一定阶段，价值观不合就会成为威力巨大的定时炸弹，甚至比利益分配的冲突和外部竞争对手的攻击更可怕。

价值观偏离导致的企业撕裂，有很强的滞后性，企业在一开始招聘员工时就要关注价值观，而不是在员工入职后再跟进,临时抱佛脚不起作用。

无独有偶,雷军在招人时也会将是否符合公司价值观作为重要的判断标准。

2015年,小米因为销量下滑受到外界的质疑,此时应该网罗优秀销售人才,想方设法提高业绩。在众多面试者中,雷军因为一句话而拒绝了一位很有影响力的"销售天才"。这位"销售天才"的简历接近完美,但他说"能把稻草当成金条卖",听闻此言,雷军表示:"你跟我们的价值观不符合,我们不需要骗客户的人,而且我也不喜欢把稻草当成金条卖的人。"最终这个人没被录用,就是因为他与小米的价值观不匹配。

多少曾辉煌一时的企业最终倒台,它们不是被对手摧毁的,而是被自己的价值观摧毁的。比如,如果一家企业只为钱卖命,一定会在遇到一点问题时就土崩瓦解。当然,还有一些企业是因放弃了自己的价值观而被摧毁的。用价值观招人就是一种超前管理,可以将未来在人员方面可能碰到的问题提前到当下进行分析和管控。

然而,企业想用价值观招人并不容易,因为价值观本身的独特性使得它要发挥作用必须注意三个方面。这不仅是超前管理的要求,更是价值观本身的要求。一旦忽略了这三个方面,价值观只能成为挂在墙上的一句口号,而难以成为超前管理的工具。

第一,价值观和管理过程往往是冲突的,要在两者之间找

到一个平衡点并非易事。一位创业者曾这样说："当企业面临生存危机时，我可以放弃价值观，甚至突破底线……"相信这不是他一个人的选择，很多企业家在企业面临生存危机时都会做出迫不得已的选择。要想短期获利，在管理中就会把价值观抛诸脑后，但从长期来看，因舍弃价值观而造成的管理恶果会逐渐显现，这背后是短期获利与长期损失之间的矛盾。

第二，价值观可以凝聚人，但这种作用必须经历事才能显现出来，不经历事，价值观就没有实际价值。所谓经历事，指价值观并非一朝一夕就能形成的，需要持续打磨和演进。有一家民营工程建筑企业，一开始大家吃大锅饭，很快企业亏损严重。后来，这家企业采取了新的"小团队"经营模式，由内部有能力的人牵头组成项目小团队，小团队负责人有"人"权、"财"权，实行能者上、不达标者下的竞争机制，企业领导不参与团队的搭建。同时，企业负责项目成本审核、内部发包等组织工作。经过一段时间运行，这家企业逐渐扭亏为盈，并在内部形成了新的价值观——"以奋斗并且贡献价值者为本"。所有员工都明白了，自己不仅要奋斗，还要真正为项目团队做出贡献，只有这样，才能在企业内部生存下去。

第三，价值观演变是从自发到自觉的过程，伟大企业的成长一定伴随着价值观的蝶变。中国企业要成为伟大的企业，必须始终坚守好的价值观。从 2021 年算起的 21 世纪的第三个十年，正是成就一批伟大企业的十年，中国企业能否自觉树立好的价值观，能否用价值观降低社会成本，能否真正做到价值观前置管理，将无比重要。

> **本章核心观点**
>
> 1. 最好的管理，是把问题消灭在发生之前。对企业撕裂的管理必须提前预警和超前应对，这就是前置力。前置力的核心是一种超前管理能力。
> 2. 冗余管理是企业对冲撕裂的有效方法，具体有三种方法：资源冗余管理、组织冗余管理、能力冗余管理。
> 3. 价值观偏离导致的企业撕裂，有很强的滞后性，企业在一开始招聘员工时，就要关注价值观。用价值观招人，可以将未来在人员方面可能碰到的问题提前到当下进行分析和管控，规避后期的诸多风险。

05 第五章

和解力：学会与撕裂共存

> 我们这个世纪面临的大变革，即人类同自然的和解以及人类本身的和解。
>
> ——马克思、恩格斯

撕裂其实并不可怕，可怕的是不敢正视它。如果一味地无视它甚至逃避，可能适得其反，造成更大的撕裂。只有认同了撕裂存在的客观性，主动接纳撕裂，学会与撕裂共存，实现大和解，以更加平和的心态观照自我、审视组织、看待社会，才可能找到反撕裂的理性路径。

和解是一种平静的强大力量

让我们先从历史的宏阔视角,感受一下和解的强大力量。在人类历史上,如何解决国家或民族的撕裂一直是一个老大难问题,通常存在几类模式。第一类模式是彻底遗忘。彻底遗忘过去的一切不愉快、一切伤害,就如同在酩酊大醉后突然苏醒,或像一个初生的婴儿,但这几乎是不可能的。第二类模式是法庭审判,第二次世界大战后的纽伦堡审判为此类审判开了先河,这种模式虽可能暂时终止纷争,但难以解除仇恨,有时处理不当甚至会加深仇恨。第三类模式就是和解,理性面对现实,一笑泯恩仇。

南非的大和解就是一个典型的例子。在南非废除比其他任何殖民地都更为严酷的种族歧视和隔离政策后,曼德拉面对国家的满目疮痍,面对昔日的血海深仇,没有执着于过往,而是从国家和民族大局着眼选择了和解。他认为挣脱锁链的不只是被压迫的黑人,同时还有与他们长久捆在一起的、被视为压迫者的白人。1994年南非政府宣布成立真相与和解委员会,其宗旨就是在弄清过去事实真相的基础上促进全国团结与民族和解。于是,当两个种族在为所受的折磨和所施加的罪行而痛哭流涕的时候,南非走上了世界史上最伟大的和解之路。**这种和解其实是一种平静的,也比暴力更为强大的力量**,既解开了彼此的心结,消除了新仇旧恨,实现了不同种族之间的和谐相处，又通过宽恕赢得了国家和人民的未来。

对于处于撕裂状态的个体和组织而言，和解同样非常重要。在准备这本书的提纲时，一个朋友曾经以自己的经历现身说法，聊了对于撕裂的感受："我曾经有一段时间很贪心，想同时做很多事情，但内心总有两个非常矛盾的自我在打架，感觉很纠结、很痛苦，后来我试着承认和接纳了自己的这种状态，也就相对释然了，开始专注做好眼前的事。"这位朋友的经历，可能是很多人都会遇到的经历。

其实，我们每一个人都在不可预知的命运长廊中体验世间的冷暖，感受着内心撕裂带来的剧痛，感受着理想与现实的反差带来的冲击；每一个组织都在高度不确定的环境中成长，感受着不同理念的差异引发的阵痛，面临着不同主体之间的利益冲突，承受着来自社会各方面的巨大压力。对于这种种的撕裂状态，我们该怎么办？解决之道的第一步就是直面问题，寻求和解。

"和解"不是逃避退让，也不是奋起反抗，而是平息纷争、重归于好，在尽量不伤和气、保障各方利益的前提下，通过协商，把问题解决，把矛盾化开，把撕裂弥合。以前，我们并没有真正把握"和解"的深刻内涵，以为仅仅是为了修复关系而去说说好话而已。实际上，和解是一种平静而强大的力量，这股力量甚至比激烈的对抗更为有力。因为出离愤怒容易，平心静气很难；记住仇恨容易，宽恕原谅很难。真正的强大往往不是面露凶相，而是以最平和的心态和最平静的表情去面对自己不敢面对的撕裂与恐惧。如果我们能够以"和解之心"妥善应对"撕裂之态"，至少可以带来三个方面的正向效应。

一是"损害最小"。通过与利益相关方的和解，我们将不再过于纠结于撕裂本身，而是可以及时放下成见，化解纷争，第一时间尽力把各种撕裂造成的综合损害降到最小，防止撕裂进一步扩大带来更大的负面影响和冲击。

二是"理性归因"。通过与利益相关方的和解，我们将不再冲动随性、感情用事，不再只看到表象，不再"一叶障目，不见泰山"，而是可以冷静分析，理性面对，直击问题的本质，弄清撕裂的真正原因，从而找到更加科学合理的撕裂解决之道。

三是"境界提升"。通过与利益相关方的和解，不断相互妥协，可以持续修正彼此的想法。不仅看到眼前利益，更看到长远利益；不仅看到自己的利益，也充分考虑他人的利益。这样的调整过程，有利于锤炼我们的心智，放大自身的格局，达到"让一分山高水长，退一步海阔天空"的人生新境界。

自我和解：不因撕裂否定自己

自我和解是一切和解的起点。每个人都需要从自我和解出发，反思自己的长处和短板，厘清未来成长的逻辑，只有这样，才能更好地开启反撕裂之路。对于企业家和创业者而言，他们不但要面对常人可能会经历的撕裂状态，而且要应对组织和社会撕裂带来的巨大冲击。

当前，国内外商业环境日益复杂，对于成熟的企业来说，要想持续成长就必须转型，但转型对于企业家来说是相当纠结和痛苦的过程，"不转型要等死，转不好可能找死"，好像怎么做都是"死"，怎么可能不撕裂呢？对于许多刚起步的创业者来说，也面临着困境：一方面，如果公司业务迟迟没有起色，新增投资难以到位，优秀人才流失，他们就可能处于异常焦虑的状态；另一方面，如果公司成长速度远超出他们的能力范围，他们就会被外界逼着成长、蜕变，此时他们也会感受到巨大的压力。企业家和创业者经常处于一种高度撕裂的状态，如果在短期内找不到一条出路，那么说不定哪天就会弦断琴崩，因此学会如何与自我和解就显得尤为重要。当然，自我和解不是最终目的，而是一个不断与自己对话、不断审视自己、不断纠正自己的过程，是勇于面对各种撕裂的方法论。在访谈过很多创业者后，我们认为自我和解至少有"三把钥匙"。

第一把钥匙：接纳自我

这是自我和解的前提。

当组织或个体自身发生撕裂时，人们内心经常会生出这些念头：为什么自己当初没有做出正确的决策？为什么组织没有及时调整以跟上形势的变化？为什么员工的积极性总是难以提高？为什么市场竞争力总是不如同行优秀企业？一些人总是纠结于这些问题，经常自责，难以放下；一些人试图隐藏撕裂，或者抱着"鸵鸟心态"，对撕裂视而不见；更有甚者干脆不承认撕裂，但实际情况往往是为掩饰撕裂而付出的努力，不仅不一定真的奏效，还可能增大心理压力，带来双重痛苦，造成恶性循环。

荣格曾说："幻想光明是没有用的，唯一的出路是认识阴影。"当一个人面临撕裂困局时，如果一时无法找到突破口，当务之急就是立即停止否定自我，放下没有结果的执念，与自己来一场对话，不再烦躁，不再抱怨，不再自责，接受一个身处撕裂中的自己，既不把自己想得那么好，也不极力贬低自己。要用全局的视角看待事情，打破"个人至上"的观念，摒弃那种将企业撕裂或个人撕裂都归因于自己个人能力不行的想法，客观分析自己的功与过、优点与不足。**要认识到撕裂是组织和个人成长的常态，是实现更高级成长必须经历的一个重要阶段**。同时，自我和解并非规避撕裂之痛，也不是得过且过的颓废，而是一种随遇而安的淡然，让我们学会直面撕裂，更好地认识和接纳自我，找到与自我共处的平衡点，从而在理想与现实之中自洽。

第二把钥匙：生命的价值高于一切

这是自我和解的底线。

第五章 和解力：学会与撕裂共存

创业者是这个社会撕裂最严重的群体之一，他们光鲜亮丽的表面下往往承载着常人难以想象的痛苦。一旦选择创业，就意味着一年365天每天24小时永不停息地像陀螺般运转，要应对巨大的不确定性和无数个接踵而来的内外部问题，90%的时间都处于高度撕裂的状态中。许多创业者因撕裂而心情焦虑，因撕裂而病痛缠身，甚至因撕裂而付出了生命的代价。

与自己和解，最重要的是相信生命价值永远高于创业价值，坚守创业的基本底线是不伤害自己的身体和生命。2013年，创新工场CEO李开复罹患淋巴癌。在经历了17个月的痛苦治疗后，李开复写下《向死而生》一书，他在书中这样说道："如果不是癌症，我可能会循着过去的惯性继续走下去，也许我可以获取更优渥的名利地位，创造更多成功的故事，如今，癌症把我硬生生推倒，这场生死大病开启了我的智慧，我依旧会尽力投身工作，让世界更好，但我也更真切地知道，生命该怎么过才是最圆满的。"

2021年8月13日，优客工场创始人毛大庆想起六年多来创业的不易，写了一篇文章也叫《向死而生》，他认为：第一，向死就是注定了、抱定了死的结果；第二，生就是永远不会向死神低头，永远不会屈从于命运的把戏，命不由天；第三，向死而生就是要以最坏的打算、最差的运气去搏击、冲击最好的结果。向死而生的另一种比较直观的表达，就是永远保持生生不息的心态与状态。

第三把钥匙：视撕裂为成长的机会

这是自我和解的新境界。

自我和解并不意味着妥协，而是承认撕裂存在的合理性。 我们需要尝试从撕裂中找到新的价值来源，因为并不是所有的撕裂都是坏事，有些也有正向价值。一方面，撕裂是对自身心理和能力的一次实践检验，让我们可以更加清醒地认识到自身的差距；另一方面，撕裂也为我们提供了一次难得的锤炼机会，撕裂带来的极度痛苦会让人深度反思，内心会变得更加强大，实现破茧成蝶的蜕变。

自我和解也并不意味着不作为，而是积极接受变化，认清哪些撕裂在短期内是可以改进的，哪些撕裂是需要长期努力才有机会调整的。越懂得如何与自我和解的人，越拥有一种不断成长的心态，越可能收获脱胎换骨式的蜕变。

西安东盛集团董事长郭家学就是一个典型的例子，他是陕西辞去公职下海的第一人，当过教师，养过猪，种过中草药，用170元创业，33岁成为中国最年轻的上市公司董事长，一心想做成一家世界500强企业。他带领团队疯狂收购，横扫资本市场，最终因担保的两家国有企业破产，资金链断裂，背负了48亿元巨额债务。他用8年偿还了所有债务，并重新规划事业。"能成为世界500强企业固然值得骄傲，做不成世界500强企业，做个'精而美'的、对历史有价值的小企业，将这种

'精而美'发挥到极致，何尝不是更有意义的事情？"他将全部精力都集中到了新公司广誉远的发展上，想让这个比北京同仁堂还早 128 年的老字号中药企业再延续 500 年，而今上市公司广誉远市值超 140 亿元。

组织和解：坦诚对话是出路

除了与自我和解之外，实现组织内部和解是创业者或管理者学会与撕裂共存的另一层含义。一家企业从成立开始，就始终存在着"整体利益最大化"和"局部利益最大化"两股力量之间的博弈，企业内部经常围绕这样的博弈上演一幕幕撕裂的话剧。这种内部撕裂的原因是多方面的，有的是股东与公司管理层之间存在不同的理念、经验和利益诉求，有的是各部门之间的权责不清、存在利益冲突，还有的是员工的文化认同度不够、向心力不强，等等。这种内部撕裂主要有以下几种情况。

第一种是代理链。股东与管理层之间存在委托—代理关系，但由于双方目标存在差异，股东想通过投资获得更多的收益，管理者也想获得更多的报酬，所以不可避免地会产生冲突。前几年，宝能系举牌万科并成为万科第一大股东，引发了管理层与股东的激烈冲突。

第二种是部门墙。这是企业内部阻碍各部门之间、员工之间信息传递和工作交流的一种无形的"墙"。一方面表现为部门职责不明确，部门之间画地为牢，部门利益高于企业利益，导致企业管理混乱，整体绩效下降；另一方面表现为员工之间缺乏交流，互不信任，思想不能及时跟上企业的发展步伐，导致工作效率低下、推卸责任。

第三种是隔热层。这是上级和下级之间责权利界定不清、沟通协调难的状态。一方面，向下沟通不畅，企业高层的意图不能让一线员工完全理解，员工的认识与高层的认识有偏差；另一方面，向上沟通不畅，一线员工的声音、市场的信息和客户的意见不能有效反馈到企业高层。

当年诺基亚的衰落在很大程度上就与这种隔热层问题有关。诺基亚以业绩为中心的管理体制导致其高管层非常担心外部环境变化以及不能实现他们的季度目标，这种担心影响到了他们对待中层经理的方式。尽管他们认识到了自己的手机需要一个比当时的塞班系统更好的操作系统，以和苹果的操作系统竞争，也知道研发需要数年，但是他们却害怕在当时公开承认塞班技不如人，因为他们担心会被外部投资者、供应商以及消费者认为是"失败者"，从而被抛弃。高管认为中层经理们提出的目标不够有野心，达不到高管的"期望值"。一位中层经理建议同事挑战高管的决策，但他的同事说："我不敢，因为我上有老下有小，要养家糊口。"因为害怕高管，所以，中层经理变得沉默寡言，或者报喜不报忧，只提供经过过滤的信息。在这种阶层明显的文化里，每个人都想紧紧抓住权力，因为害怕资源被强权者占有，或者自己被贬谪。如果自己汇报不好的消息，或者表现出没有足够的勇气和信心承担有挑战的任务，就很可能会被"打入冷宫"。

由于存在上述撕裂状态，当大家在战略制定、资源配置、收益分配等问题上出现分歧时，"部分撕裂整体"的博弈就会出现，组织界限会因撕裂而变得越来越模糊，组织目标会越来越淡化，管理会难以发挥应有的作用，出现低效甚至负效的局面。

第一时间坦诚沟通

这是组织内部和解的基本前提。企业出现撕裂的一个重要原因，就是内部沟通交流不畅，许多矛盾和问题长期得不到解决。对于企业内部出现的"撕裂"，企业高层管理者要充当"调解者"，促进企业内部的沟通交流，使得团队成员之间重新建立信任。沟通交流要及时。一旦企业内部出现撕裂的苗头，就要第一时间获取信息和传递信息，及时发现撕裂背后的原因，并进行有针对性的沟通。当撕裂还不大时，如果不及时沟通，矛盾必定会越来越激化，造成更大的撕裂。

比如，某医药公司出现药品滞销问题，结果采购部门和销售部门互相推诿，有一些人认为是由于药品采购不到位，另一些人则认为是由于销售部门工作不力。实际上，更可能的原因是两个部门未能及时沟通。为此，首先，采购部门在采购药品之前要向销售部门征集意见。因为销售部门在一线，能够获得第一手的顾客用药需求，只有双方主动配合，及时传递信息，才能提升销售效益。其次，沟通交流要真诚坦率。沟通中所提供的信息要客观、全面、真实，相互交换意见要推心置腹，既要摆事实讲道理，又要坦诚地解释，该道歉的要真诚地道歉，假如吞吞吐吐、转弯抹角，反而容易引起猜忌，难以达到沟通的目的。最后，还要创新沟通的方式方法。

1994年波音公司遇到一些困难，内部出现了撕裂状态。新总裁上任后，经常邀请高级经理们到自己家中共进晚餐，然后在屋外围着火炉讲述有关波音的故事，坦诚分享自己的想法。同时，请经理们把不好的故事写下来扔到火里烧掉，以此埋葬波音历史上的"阴暗"面，只保留那些振奋人心的故事，以此鼓舞士气。

有选择地回避与迁就

这是实现组织内部和解的一种特殊方式。一般情况下，管理者采取回避或迁就的态度并不能有效解决撕裂，甚至可能给组织带来不利的影响。然而，并不是每一项撕裂都必须处理，**有时"回避"，也就是从撕裂中退出，就是最好的方法。**比如，若撕裂微不足道，或只是暂时性的，就不值得耗费时间和精力应对；在双方情绪极为激动因而需要时间平静下来的情况下，回避是一个好的策略；当管理者的实际权力与处理撕裂所需要的权力不对称时，采取回避的态度可能比较明智；当下级或各单位有较大的自主权时，回避这些单位之间的撕裂，让它们自行解决也是可取的。当管理者发现撕裂的责任在自己，或者对方对组织的重要性高于自己时，可采用迁就的策略，把别人的需求和考虑放在高于自己的需求和考虑的位置，这是防止撕裂进一步扩大的有效措施。

顾全大局地短期退让

这是组织内部和解的新境界。当双方势均力敌或焦点问题纷繁复杂时，相互退让是避免撕裂、达成一致的有效策略。在管理过程中，只有协调好各方利益，倡导共赢的解决途径，才能为撕裂管理的成功打下基础。不论从理论上讲，还是从实践来看，不同资本聚合到一家公司之后，围绕这家公司自身的生存和发展，一定会形成"共同利益"。毕竟，只有公司发展得好，所有的资本才能保值、增值，所有的资本才能实现自己的"特种利益诉求"。应当说，这股力量也很强大，它保证了公司可以在较为正常的轨道上行进。就此而论，公司一经建立，"共同利益"和"特种利益诉求"的博弈序幕就正式拉开。历史赋予股份公司治理的重大任务之一，就是力争使这种正向的力量能够最大限度地抗衡并逐渐弱化"撕裂"的力量。管理者在进行"撕裂管理"时，应充分兼顾各方的利益，并采取各方均可接受的解决办法，最佳结果是"共赢"。

社会和解：成为向善的力量

企业与社会的关系一直是经济管理领域争论的话题。70多年前，美国曾经有一场著名的辩论。辩论的双方，一个是美国通用汽车的董事长斯隆，一个是现代管理学之父德鲁克。第二次世界大战期间，美国的企业在帮助美国打赢反法西斯战争中起到了非常关键的作用。当时，美国的大型工业企业正在快速崛起，成为社会的一股新兴力量，很像最近十年来互联网巨头的快速崛起一样。那么，当时的大型工业企业是如何看待自己存在的目的呢？

通用汽车的董事长斯隆认为，企业存在的根本目的就是为股东赚钱，除此之外企业没有其他社会责任。斯隆的理由很简单：责任和权力应该是对等的。企业对社会有权力吗？没有。那当然也就没有责任。企业只需要专注于自己的使命就可以了。但德鲁克不同意，他看到大型企业对社会的影响力越来越大，认为大型企业为公民设定了确定生活方向和生存方式的准则，决定了我们自己对社会的理解，围绕这种理解来明确我们的社会问题并寻求解决的途径。换句话说，德鲁克真正关心的问题，是企业作为一种新生力量，能不能让劳动者变得更好，能不能给社会带来真正的进步，这是他研究企业的初衷，也是他思考企业行为的出发点。

德鲁克认为,企业应该实现三重目标。

首先,是企业自身的生存目标,这是其他所有目标的基础。赚取利润并不是企业的目的,但利润是重要的,没有利润就无法生存。

其次,除了生存目标,企业还必须实现价值目标。企业是现代社会的基本组织,其运作必须体现社会的道德信仰和主流价值观。比如,企业应该为每个员工提供公平的机会,每个劳动者都有权在企业中实现自己的价值,等等。

最后,企业还必须实现社会目标,保证自身利益与社会利益一致。德鲁克认为,企业是社会的器官,企业的宗旨必须是在企业之外的。企业之所以存在,就是因为它能够向社会提供某种特殊的服务,企业的本质是为社会解决问题。所以,企业要想持续成功,要想基业长青,必须始终立足于社会需求而非自身利益需求。反过来,如果企业这一器官发生了癌变,就可能出现器官越长越大,而社会这个身躯越来越虚弱的现象。

然而,在现实世界中,企业生产经营过程中的外部性等问题客观存在,使企业的逐利活动与社会的整体利益之间会产生各种各样的矛盾。许多企业还没有学会如何与社会相处,而是经常与社会处于对立和撕裂的状态。比如,10多年前的"三聚氰胺"事件,不仅一度让中国乳业整体崩塌,而且让成千上万个家庭受到伤害，有些人甚至至今仍未从伤痛中走出来。再比如，长春长生公司从 2014 年就在狂犬疫苗的生产上弄虚作假，后因疫苗造假案被曝光，不仅被重罚 91 亿元，而且成为 A 股市场因重大违法强制退市第一股，最终逃脱不了破产的命运。还有，某搜索引擎公司是一家非常优秀的民营企业，可是为什么民间批评的声音仍不绝于耳呢？原因就在于企业的竞价排名。比如存在虚假的网站信息，人工干预搜索结果，屏蔽不参加竞价排名的网站，广告与搜索的混淆等，这些问题让网民、正规品牌的厂商，甚至不参加排名的企业成了受害者。这些对社会影响的管理不善，最终也将损毁社会对企业的支持，最终危害企业本身。

令人欣慰的是，很多企业在快速增长后开始行动起来了，积极探索以某种方式与社会进行和解。这些企业及时调整发展思路和方向，更加关注社会责任，并采取针对性措施，通过各种方式达成与社会的良性互动，获取在社会持续成长的土壤。目前，企业承担社会责任的传统方式不少，比如：做好提供物美价廉的商品等属于企业的本职工作；延伸生产者责任，如践行环保、节约社会资源等理念；常规性捐款、捐物；在灾难突发时快速反应，积极直接或间接地参与救援并支持后期建设；吸纳并安置残疾人员工；注资或直接参与教育、环保或医疗卫生等事业。这些做法反映了企业履行社会责任的自觉，在一定程度上实现了企业与社会的和解。但这些做法总体上是在利己型的商业模式下产生的,慈善公益的工具化特征较为明显。新的形势呼唤新的社会责任履行方式。

阿拉善模式：共建现代公益组织的探索

2003年，时任首创集团董事长的刘晓光跪在阿拉善沙漠里，面对一望无际的黄沙，心灵受到洗礼和震撼，他开始思考企业家在环境保护上的作为，决心为阿拉善沙漠治理做一些实事，阿拉善SEE生态协会由此诞生。这可以说是改革开放以来中国企业家参与环境保护的首次集体行动，是企业家承担社会责任的一次集体觉醒。阿拉善SEE生态协会是以企业家为主体会员，以承担社会责任为己任，以保护生态环境为目标的社会团体组织，发展至今，企业家会员超过900名。阿拉善SEE生态协会在全国成立了31个环保项目中心，从单纯的环保公益，到用商业化的手段解决环保问题，再到向公众推广环保文化，直接或间接支持了近700家中国民间环保公益机构（或个人）的工作。以阿拉善SEE生态协会为代表的一些由企业家组成的现代公益组织、私募基金会，都是由企业家直接参与建立的现代公益组织，这方面的实践对于实现企业和社会的长期和解具有重要价值。

"互联网+公益"模式：构建汇聚大众的公益生态

以平台的思维开发社会责任项目，能够依托平台的开放性，构建一个由企业、公益组织、受助者、捐赠者等共同参与的公益生态。以"互联网+公益"模式构建的腾讯公益，就是一个联结网友、公益机构、企业共同推进中国公益事业发展的平台，它发起的"一起捐""一块做好事"等活动，让互联网平台成为汇聚公益力量的抓手。比如，一个名为"外婆的礼物"的公益项目，通过腾讯公益采取"以买代捐"的方式，将贫困群众嵌入公益扶贫产业链条之中，其做法是爱心人士资助外婆购买鸡苗，外婆养鸡生蛋，再回馈给爱心人士绿色食品。在此之前，她们虽然也得到过资助，但钱花完、粮食吃光后，又难以维持生计了。如今，"授人以渔"的模式让公益扶贫实现了良性循环。不断践行"科技向善"这一理念，成立14年来，腾讯公益累计帮助1.5万家机构、11万个公益项目获得了4.9亿次的爱心网友捐助，筹集了130亿元的善款，而"99公益日"就筹集了62亿元善款。

社会创新：双赢的融通发展之路

这是一个超越了传统的社会责任范畴的新模式，也是更加积极主动与社会和解的一种选择。以往社会责任的关注重点是解决跟企业核心业务无关或部分相关的社会问题，是企业战略的一种补充或完善。社会创新却以解决社会问题为核心，以市场化手段开展产品创新、服务创新、组织创新、营销创新等创新活动，最终实现企业经济价值与社会发展的共赢。

众所周知，格莱珉银行就是一个以社会创新为使命的典型例子，其创始人穆罕默德·尤努斯1940年出生在孟加拉国的一个贫穷落后的小山村，他在大学任教的同时致力于帮助当地人与贫困做斗争。尤努斯发现当地的妇女深陷贫困的泥潭，很大一部分原因是她们没有机会获得数目很小的启动资金。于是，他决定通过给这些妇女提供数目极其微小的贷款（这或许是小额贷款的前身）来帮助她们摆脱贫困。尤努斯的第一笔27美元小额贷款借给了42名村妇，帮助每位村妇摆脱了要偿还高利贷的困境。

在发现这种模式可行后，尤努斯从此踏上了解救孟加拉国乃至世界的穷人的征途。1983年尤努斯正式创建了后来举世闻名的格莱珉银行，专门提供小额贷款给穷人。自成立以来，这家乡村银行已发放超过51亿美元给530万名客户。格莱珉银行的这种成功模式激励了其他发展中国家以及美国这样的发达国家，截至2021年，格莱珉银行已经在23个国家设立了2500多家分支机构。

如今，社会创新已经成为一种企业履行社会责任的更有效的途径，越来越多的企业致力于把社会责任转化为自身的利益，主动解决社会问题，化解潜在的社会风险。例如快手通过流量普惠策略保持短视频生产者的多元繁荣；美团通过青山计划补偿外卖行业对环境和森林资源的消耗；微信从零搭建起反洗稿机制，以鼓励原创精神，反制流量逻辑对内容生态的冲击。最近围绕实现"共同富裕",阿里巴巴启动了"阿里巴巴助力共同富裕十大行动",将在2025年前累计投入1000亿元支持科技创新、经济发展、高质量就业、弱势群体关爱等。腾讯宣布投入500亿元资金,启动"共同富裕专项计划",并深入结合自身的数字和科技能力,在诸如乡村振兴、低收入人群增收、基层医疗体系完善、教育均衡发展等民生领域提供持续助力。

无论是采取基于传统道德的慈善举措,还是积极推动现代公益事业和社会创新,都对促进企业与社会的良性互动具有重要意义。但要真正实现与社会的和解,企业家和管理者必须心怀同理心、恻隐之心、悲悯之心与感恩之心,拥有内生的向善与自觉的担当,只有这样,才能造就真正富有人文关怀和社会责任感的商业领导者。

本章核心观点

1. 只有主动接纳撕裂,学会与撕裂共存,以更加平和的心态观照自我、审视组织、看待社会,才可能找到反撕裂的理性路径。
2. "和解"不是逃避退让,也不是奋起反抗,而是平息纷争、重归于好,在尽量不伤和气的前提下,通过协商来弥合撕裂。

3. 自我和解是一个不断审视、纠正自己的过程。接纳自我、生命的价值高于一切、视撕裂为成长的机会，是实现自我和解的三把"钥匙"。

4. 组织内部的代理链、部门墙、隔热层等问题，容易导致撕裂。第一时间坦诚沟通，有选择地回避与迁就，顾全大局地短期退让，是实现组织内部和解的关键。

5. 企业要想基业长青，必须始终立足于社会需求而非自身利益需求，无论以阿拉善SEE生态协会为代表的现代公益组织、"互联网＋公益"模式，还是社会创新，对于促进企业与社会的和解具有重要价值。

06 第六章

止损力：给撕裂设限

> 知止而后有定，定而后能静，静而后能安，安而后能虑，虑而后能得。
>
> ——《大学》

止损是一家企业最高级的活法。先做幸存者，再做幸运者，才是企业的基本生存逻辑。在本章，你将学习如何通过止损让撕裂停止而不是再扩大。止损背后的逻辑和方法并不复杂，关键在于你是否具备了止损的勇气。

及时止损是没有其他办法时的最好办法

企业的撕裂往往伴随着内耗,如果内耗的程度比较"温和"还好说,一旦发展到严重的程度,就必须果断止损,否则会输得精光。此时,企业必须具备一种"止损力",这不只是给撕裂设限,更是在为企业赢得东山再起的机会。

世上的企业家可以分为两类:一类是愿意止损的企业家,另一类是不愿意止损的企业家。事实上,没有哪个企业家愿意主动止损,大多数是被动止损,是到了山穷水尽时才做出选择。然而,及时止损往往是撕裂到没有其他办法时的最好办法,至少比一条道走到黑好太多。要真正理解这句话的内涵,我们不妨把目光聚焦在创业者群体上。创业者每天都面临的关于停止还是继续的决策,不论是团队、融资或技术方面的决策,抑或是业务、合作与公共关系方面的决策,甚至比成熟企业面临的决策还要多。

比如说,在进行技术研发时,是继续投入还是果断放弃,创业团队经常处于极度撕裂中,团队内部争论不休,看上去哪种意见都对,结果是该停止时不停止,错失止损的最佳时机。

我们认识一位人工智能领域的技术创业者,从 2015 年开始,他的公司在一个认定的硬件项目上前后五次投入了 1.2 亿元,在历时 4 年仍不见市场效果后,终于停了下来。这位创始人说:"第二次砸钱进去以后就觉得有些不对,但心里面是奔着成功去的,觉得不砸钱技术也出不来,咬咬牙还是投进去了。"

第三次、第四次也都是在几个合伙人商量之后决策的,但感觉越来越不好——看上去技术迭代没有任何问题,但市场就是不认可。他说:"当时的想法是,已经投了这么多,忽然停下来,前面的不就白投了吗?"

这就是创业公司的一种典型的撕裂:明明看着远方就是曙光,却一直在黑暗中摸索走不出去。没有足够的经验,又缺乏天才的直觉,在面对研发投入这种不确定性极强的决策时,不撕裂才怪。

2019年元旦,该公司又开了一次长会,经过一番激烈的讨论后众人决定"再赌一把"。于是,他们在2019年春节前又投了500万元,这已经是他们能投的极限了。然而,结果仍然不理想。于是,整个研发停摆,技术封存。

每个不止损的故事都是悲伤的,而且必须由自己承担责任。有不少企业就是在该止损而不止损的纠结中被推向万劫不复的深渊的。

每个人看到这种故事基本上都会问:为什么撕裂都这么严重了,还不愿止损?

其实,你不觉得停止比继续更难吗?停止就意味着放弃,之前的努力白费了;继续则是维持,似乎保留着一线生机。殊不知,很多时候,恰恰是心中的"一线生机",让企业处于更加糟糕的境地。

在撕裂的巨大风险下，不知止损、不愿止损和不会止损是企业家固执前行背后的三大原因。其中最重要的原因恐怕是不愿止损。有的时候甚至知道该停，却依然倔得很，甚至撞了南墙也不回头。很多人会说这是一种坚持的精神，我们当然认同。但我们更认同的是在坚持的同时具备一种止损力，这至少会让他们在撞南墙之前保有一丝敬畏和理性。

那么，究竟什么是止损力？

止损力，是指在遭遇撕裂困境时果断停止、迅速调整以避免更大损失的决断能力和勇气。

从止损决策可以看出企业的风格和企业家的心理。心存侥幸、不果敢离场绝对是止损大敌，但这种情况却很容易被众人接受，因为它往往披着一件"勇敢坚持"的美妙外衣，或被认为是"风险越大，回报越高"的典范。

"风险越大，回报越高"讲的是一个概率事件，而且是在企业能活下去这个前提下的一种小概率事件。风险首先意味着死亡，只有挺过去、活下去，才有可能得到高回报；一旦死了，就啥都别想了。进一步说，"风险高"反倒是一种可预期风险，是确定的；人们最怕的是无常，怕的是不确定性。"我知道那里有风险，但我也要闯"和"我根本不知道哪里有风险，但我也要闯"是两回事。

看了那么多止损失败的案例，我们更加坚信一个判断，**止损需要的不只是技巧，更需要勇气**。过自己的心理关，是止损的第一要务。因为接受自己的投入已经成为沉没成本的事实，是止损的关键。

有多少创业者为了不让过往的投入变成沉没成本，宁愿拼死进攻，也不愿推倒重来。为了不可回收的沉没成本而不停投入的资金，在经济学中被称作"追加成本"。犹豫不决、心存侥幸都会让创业者不断推迟止损，增加自己的追加成本，结果本想减少亏损，后期损失却远远大于眼前所失。

"爱面子"是摧毁创业者止损力的另一个根源。很多创业者"爱面子"，为了维护自己在他人心目中的形象，为了证明自己是对的，在越该停止的时候越要继续投入，导致沉没成本像滚雪球一样越滚越大。

我们认识一位优秀的海归，他学历背景出色、单兵作战能力超强、生性好胜，在同龄人中总是排在前列。然而在他创业后，我们慢慢在他身上发现了一个"奇特"的现象：他连续干了三个项目都不成功，他选择的创业方向本身就有问题，而且他为了维护自己在他人心目中的形象，在花光投资人的钱后又铤而走险不断举债，最终被压垮，家庭破裂，事业中断，精神抑郁。其间我们曾三次善意劝告他按下暂停键，但并无效果。没错，再牛的企业家也有判断失误的时候，但一意孤行、侥幸前行，只会让自己最终陷入不可收拾的境地。

方向性的错误导致的撕裂是大撕裂，当然应该重视，但往往企业中的"小撕裂"更应引起企业家的关注。

别小看企业里的任何一种小撕裂，它们发展到严重程度也会让企业停摆。比如，流程烦琐、部门之间相互推诿扯皮看上去不是什么惊天动地的大问题，但如果三天两头出事，员工难以解决，中层干部不愿解决，副总也都明哲保身，最后只能由老总出来当救火队员，长此以往，企业将很难正常运营和管理。又如，企业采购如果出现"内鬼"，虽然看起来每次的危害不大，但长此以往，这个小裂痕就会不断被放大，最后导致经营异常、管理混乱、价值观扭曲，刘强东第一次创业失败就是因为对采购环节的疏忽。再如，在初期发展顺利后，将企业推向快车道是企业家的一种很"自然"的想法。然而，如果企业的风控能力不强，快速发展带来的风险会很大。一旦出现危机，可能就是毁灭性的。有多少曾经风生水起的企业败在了盲目并购上，又有多少曾经成功的企业败在了雄心勃勃的多元化扩张上，这些都是血淋淋的教训。

有的人对止损有一种天然的误解，认为止损就是停止创业，前期的投入会打水漂，于是不敢止损。也有的人怀抱一丝侥幸，认为"挺过去，也许就会好起来"，于是不愿止损。

其实，永远有下一个我们不知道的危情或撕裂正在发生。当断不断，反受其乱。我们在犹豫或固执之际丧失了止损的绝佳时机。

危机来临，是死扛坚持还是适时止损，如何选择，特别虐心。止损是一道分界线，左边悬崖，右边草地。有时我们宁可掉下悬崖也不愿稳坐草地，然而在那些伟大的故事里，人们大多选择悬崖勒马，身后草地芬芳。

止损终点就是重生起点。

六种止损决策方法

企业撕裂时的止损决策，本质上是一件逆向而为的事，也是一件相机抉择的事。也就是说，你在做止损决策时要把事情反过来想、提前来想，而不是到了跟前再抱佛脚；同时你还要具备随机应变、快速决策的能力，而不是拖泥带水。所以止损点的选择不同于企业的其他决策，既讲究技术性也强调艺术性，无定式或定法。止损决策不仅需要勇气，更需要方法。以下是我们通过实地调研发现的企业经常采用的六种止损决策方法。

方法一：个人直觉法

这是一种用个人直觉对止损迅速做出决策的方法。我们一直坚信直觉对企业止损的帮助是超乎想象的。

直觉虽然是一瞬间的判断，却是企业家长期的经验、阅历和知识积累的体现，甚至是超越经验的一种本能。当心中觉得某件事已经出了问题时，企业家就会果断叫停，而不用考虑什么技术参数、销售指标或复杂公式。乔布斯一直相信直觉的力量，在他看来，直觉是比逻辑更强大的东西："如果你内心平静,就能看到一个更广阔的世界,甚至能看到之前看不到的东西,也更能感受到现实的环境。"

人类解决问题的方式多种多样,理性思维或者说逻辑思维是其中的一种方式。然而,人类不是完美的动物,人的逻辑思维也不完美,甚至有缺陷——在多重因素共同影响决策的环境下,人类的算力并不够。比方说,做出一个决策需要考虑10个因素,而人的大脑往往顶多同时想到5个,剩下的5个必然被漏掉。反之,直觉思维是利用人类本能做出判断的一种有效方法,它是一种综合性判断,会跳过逻辑层次,在潜移默化中迅速把10个因素同时考虑进来。事实上,直觉是所有动物具备的一种能力,动物的生存主要就依靠其直觉。

在中国发展高层论坛2021年会上,红杉资本全球执行合伙人沈南鹏与凯雷投资集团联合创始人、联席执行董事长大卫·鲁宾斯坦进行了一场深度对话,两人对一个观点深信不疑,也就是如何进行决策。沈南鹏说:"在一些特别艰难的环境下做决策时,不一定需要200页的财务模型或各种各样的假设,或者方程式的计算,很多时候我们要靠内心和眼光来做出最重要的决定。"

鲁宾斯坦听闻此话后说:"我采访过巴菲特,我觉得他也一样,并不会阅读非常多的投资报告。有时,一些比较年轻的投资人会觉得,是否投资和投资决策的质量取决于投资报告多厚。一份500页的投资报告好像能帮你做出一个很好的决策。

巴菲特做投资决定时，他只需要一张纸的备忘录，然后凭直觉做出决策。巴菲特的直觉要比很多投资人好。最终直觉考验的是你的胆量和经验。如果你只会读投资报告，你不会成为一个成功的投资人。你的直觉需要帮你判断这件事行不行得通。**预测未来的能力不是你能从商学院里获得的，靠的是你的直觉。**"

如今人们过分强调大数据在决策时的价值，却忘了大数据会将一个活泼生动的人割裂成多个"数据集合体"。仅仅依靠数据来做判断，一个完整的人就支离破碎了，人类固有的直觉就死了。反过来想，在没有大数据的古代，那么多明智的决策又是如何做出来的呢？

直觉判断力的形成需要长期坚韧地学习和修行，当自己逐渐形成系统性的思维方式和方法时，直觉就会愈发可靠。在碰到一个复杂的问题时，靠着在脑海中一闪而过的念头即可做出决策，这就是长期锻炼过后直觉的作用。

通过敏锐的直觉判断力来止损，是企业家必须具备的一种核心能力。

方法二：简单指标法

这是指利用一两个简单指标就迅速做出止损决策的方法。

我们曾跟一位年逾70岁的老企业家在咖啡厅谈了四个小时，席间他与我们聊得最多的是企业内创业。他用内创业的方法让自己的企业扭亏为盈，该企业的高管两年的收入就可以在当地买一套房、一部车，该企业的内创业堪称传统企业内创业的典范。后来我们话锋一转，问他："如果让你投资一个新项目，什么情况下你会叫停它？"这位老总的反应很快，他说："只要这个项目亏损到了300万元，我就会把它停掉。"

300万元就是一个再简单不过的指标，清晰明了，易于操作。这就像在股市短线操作中很多人用"亏损程度"这一个指标来止损——当现价低于买入价5%或10%时就止损。

当企业遇到撕裂时，企业家可以根据经验选择一两个核心指标进行判断。

方法三：时间节点法

这是一种通过设定关键时间节点考核指标来判断是否止损的方法。比如按3个月或按18个月创业周期法则设置不同阶段，检查每个阶段是否达到标准。如果某个阶段没有达标，就要谨慎决策是否往下继续。

具体的指标由创业者根据实际情况选定，如用户月活量或客户规模达到多少，销售收入达到多少，影响力怎么样……必须有明确的标准，达到目标了就继续投入，并确定下一个止损点，达不到目标就要考虑止损。

大唐网络在推动内部孵化创业团队时，采用过"369"模式。凡是在大唐网络云孵化平台上的内创业团队要做到3个月产品上线，6个月完成试点，9个月完成融资。达不到这些硬性要求的团队就要退出云孵化平台。9个月后如果创业项目落地了，则前期投入的资源折算成创业公司的股份。这种方式让大唐网络本身具有的丰富技术资源，快速转化为产业化成果并走向市场，其内创业项目团队拿到 A 轮融资的比例较高。

不论企业遇到什么样的撕裂，都可以通过时间节点法，把撕裂控制在一定程度之内，而不是任由其发展下去。

方法四：逆向判断法

有经验的企业家善于用一种逆向思维来处理止损点：预先通过反向思考设定好"死亡"指标，在创业过程中随时监测是否接近止损底线。如果亏损在可承受范围之内，那就再坚持看看；一旦突破了止损底线并且在一段时间内没有希望翻盘，就立即停止。

设立止损底线可以从多方面入手，比如资金底线和资源投入底线、团队底线和时间底线、心理底线和技术性能底线等。最重要的是两类：财务止损点和心理止损点。其中，心理止损点是指用情绪的负面影响程度作为标准，比如团队关系破裂、个人厌倦创业等。

设定好止损底线后，可以画一张图，标出三个关键点：基础点、报警点、止损点（见图6-1）。这三个关键点需要在创业初期预设好。基础点是创业正常运行的下限。一旦突破基础点，就进入报警区域，例如只有半年的钱可以用，或者团队核心人员有人离职等,虽然还能撑下去,但要引起高度注意。一旦突破了报警点,再往前就进入止损区域,比如团队严重内讧,用完所有钱且再融不到钱,累积的客户数量始终少于预期最低值,持续进行大量的技术投入却始终没有市场正反馈等。这是必须中断创业的底线,如果触碰这个底线,就要果断刹车。

图 6-1　逆向判断法

注:蔺雷、吴家喜绘制(2021)。

三个临界点的指标可以是财务方面的,也可以是心理方面的,或两者兼有。另外,三个临界点不是固定不变的,创业者可以根据实际情况动态调整,比如财务基础较好的,财务止损点可以设置高一点;情绪易波动、承受力差的,心理止损点就设置低一些。

方法五:预估时间法

这是指预估自己能承受的最大时间成本——干一件事的最长时间,如果超出这个时间就要立刻按下暂停键。

雷军在做了天使投资人以后,发现"创业一点也不好玩……90%以上的创业公司都会死掉"。于是,他自己创业时就转换思维:"我跟绝大部分创业者不一样的是,我在创业第一天就在想，我们的公司会怎么死。"基于这种思维，雷军选择设定创业的时间止损点。在动员别人跟他一起创业时，他会说："我知道时间对我们每个人来说都很宝贵，你能不能信任我，给我四年时间？这中间可能会经历各种各样的艰难险阻、各种各样的坎坷，你能不能相信我四年，跟我一起干四年？如果输了，咱们就散摊。"

当然，还有一种极端的时间预估法，就是看你在没钱的情况下能活多久，本质上这是一种极限压力测试，每个人的极限值不同，皆由各自把控。

方法六：S 曲线法

每种技术都有它从出现到死亡的生命周期，相应地也有一条技术成长曲线，称为 S 曲线。一旦技术本身发展到了 S 曲线的拐点，相应产业的发展加速度就开始下降，意味着该产业增长停滞，就像走入一条死胡同。此时，S 曲线开始变得平缓，即便你投入得再多，技术也只会有微小的改善或者没有任何改进，甚至会出现边际效应为负的情况。这预示着这种技术已经走到了 S 曲线的尽头，此时应赶紧打住，别再继续投入了。

现实中经常会有违背 S 曲线规律的执迷不悟者。当年蒸汽船进入航海业时，原来的帆船制造商不是转入蒸汽船的开发生产，而是进一步改进帆船设计，使帆船船体阻力更小，使用的帆更多，使用的水手更少，以此对抗蒸汽船的竞争。但是，这种努力只是稍稍延缓了帆船的航海寿命,技术上的改进很小,根本竞争不过蒸汽船。不及时止损,终究逃脱不了被淘汰的结局。

行业周期也有同样的参考价值。如果你身处一个产品生命周期很短、迭代速度很快的行业,那么你就要警惕了。如果你的产品还是上一个周期的,或已经被淘汰了的产品,在新周期里再怎么投入,再怎么努力,也是白搭。此时,止损,换赛道,换行业,才是最佳选择。

最后再说一遍,止损方法并无定式,没必要刻意借鉴,要结合创始人决策风格和企业特点进行选择。不论哪种方法,只要能达到及时止损的效果,便是好的止损方法。

止损后:清零、激活休克鱼与快速收缩

止损后怎么办?有三种策略可选择:一是清零,二是激活休克鱼,三是快速收缩。

先来看看清零。

当企业内外撕裂得已经乱成一锅粥,很难理出头绪或挽回损失时,企业必须采用清零策略,果断出手,要么全部清零,要么定向清除。

全部清零就是关停一切,要么在等待观望中积蓄力量,要么另起炉灶重新开始。虽然这个策略看上去简单粗暴,但在特殊情境下有其特殊价值。

那么，全部清零到底清的是什么？可以是以前的团队、以前的业务，或者是以前的资产。但有两样东西无法清除，也不能清除，那就是企业家精神和能力。拥有企业家精神，就有反思后重新出发的勇气；拥有能力，就有东山再起的核心基础。

具体来说，在全部清零策略下，有以下几种操作。

观望。按下暂停键后观望一段时间，反思、沉淀、积蓄力量，择机再战。其中要处理好的一个重要工作是尽量做好各利益相关方的安抚工作，不要给自己留下过多雷区。

转让。企业失败后可以通过转让来止损：一类是人才（尤其是创业团队）转让；一类是业务（包括产品、技术）转让。

破产保护。如果创业项目没人接盘，资金又不足，实行破产保护是较好的止损方式。我国破产申请数量较低，处于困境的创业企业很少申请破产，主要原因在于破产程序较为复杂，退出成本比较高。

具体选择哪种操作，取决于当时的条件以及创业者的决策风格。

所谓定向清除，就是清除撕裂处的"病灶"，让裂痕不再扩大。

2021年9月，我们在太原见到一位做消毒水起家的海归创业者。一开始他选定消毒水医疗产品这个赛道，而且做得风生水起，尤其是在2020年新冠肺炎疫情暴发后，针对儿童、成人乃至宠物的消毒水系列产品供不应求。可以说，这条业务线让公司收获颇丰。后来，这位创业者瞄准了护肤品行业并大举进入。

在开发了一系列护肤、祛疤痕等产品后，公司形成了有大小十多个品种的新业务线。然而，这条业务线并不好做，还要用消毒水业务赚的钱去补贴。显而易见，公司的多元化扩张遭遇了撕裂，业务之间没有形成正向协同，反倒是负向吞噬。如果单算消毒水业务，公司是赚钱的；如果把护肤品业务加进来，公司的利润率就被摊薄，变得很低。痛定思痛，从2021年开始，这位创业者决定砍掉若干不盈利的护肤品，收缩业务线，集中优势资源投入到消毒水产品中。

毫无疑问，清零是一种壮士断腕的做法，这往往是无奈之举，潜在的负面影响较大。想想看，一家企业如果极端地把业务全部中断，连根清除，这对员工、业务、利益相关者来说都是一个巨大变故。那么，有没有相对柔和的方法可供企业在止损后采用？有，一是激活休克鱼，二是快速收缩。

所谓休克鱼，是指鱼本身的肌体完好，但旧的机制让鱼显得缺乏活力，就好像休克了一般。所谓激活休克鱼，是指企业在止损后引入新的机制重新激活组织的一种方法。

引入新的管理方法就是一种激活休克鱼的做法。我们曾接触过一家做洗涤用品的民营企业，它在主营业务做得不错时开始涉足房地产，并向银行大量贷款。但在国家明确"房住不炒"的定位后，银行贷款政策开始收紧，企业现金流吃紧，入不敷出，后期每月亏损近千万元，濒临破产。事实上，企业因盲目多元化扩张而导致主营业务被拖累甚至崩盘的并不少见。这时该怎么办？

这家企业负责人无意间采用了一种新的管理方法。企业负责人首先召集全体员工开了大会，坦言公司经营困难，之前签订的劳动合同一定会兑现，但工资要延迟发放，同时鼓励员工离开公司自谋出路，想走的可以走，想留的用一种新的方法接着干。于是，员工走了一大半。随后，他又召集剩下的员工开会，定了三条规矩。

第一条，将公司里原来的生产、销售、供应、后勤、财务五个部门，设立为独立的五家子公司自主运营，公司的所有资源它们都可以接手，比如生产公司接手原来的厂房、产线，销售公司接手原来的销售渠道等。

第二条，公司老板不再具体管理这五家子公司的业务，但要求这五家内创业的子公司思想统一，聚焦于原来的主业而不干别的，老板自己出去对接资源和学习。

第三条，总公司和这些子公司只有租赁关系，所谓租赁关系，就是总公司按其所提供的资源在未来可以从子公司分红。

在这种新型的管理方式下，这五家子公司既各自分工又围绕现有公司运作，独自承担盈亏：

生产公司只管生产；

销售公司负责把产品卖出去；

供应公司负责管理供应商，寻找价格与质量更合适的原材料，挣差价；

后勤公司向其他子公司提供后勤保障，收取一定市场化费用；

财务公司提供专业的做账报税服务，也收取市场化费用。

万万没想到，这种方式很快让所有五家子公司从负增长变为正盈利，并持续增长。公司的管理费降低了，员工的积极性也显著提高，大家自愿加班，自觉行动，年底分红大大超过预期。有这样一组数据可以证明：生产人员减少了10%，产量和以前一样，报销费用比以前减少了20%，管理费用降低了40%。

事实上，这家公司用新的管理方式形成了一种企业的"内部市场"：各子公司（部门）之间不再是传统的内部结算和相互支持的关系，而是用一种市场化机制激发了组织活力和个体活力。这就是一种止损后的激活休克鱼的做法。

快速收缩是指在止损后迅速收缩业务，集中优势力量为核心业务赋能。我们来看一个例子。

阿里大文娱一直处于阿里巴巴业务群的C位（中心位），但在腾讯系和爱奇艺系这两个独立巨头的双重夹击下，面临的竞争压力急剧加大。在视频领域，优酷前两年就因缺乏爆款内容而从行业老大沦为老三；在移动音乐领域，虾米在网易云音乐和 QQ 音乐的压制下一路衰退；在文学领域，发力较晚的阿里读书也无法与阅文集团一较高下。

2018 年，阿里大文娱亏损 214 亿元。

虽然阿里巴巴高层从未改变对阿里大文娱的支持，多次表态"阿里大文娱一天亏 4600 万元，亏十年都亏得起"，但止损仍是必须做的。2019 年 6 月 18 日，张勇发布内部通知，阿里巴巴进行新一轮的组织调整升级，在明确阿里大文娱居阿里巴巴一号位的基础上，UC、阿里音乐与阿里文学被划归创新事业群；阿里大文娱精简为优酷、阿里影业、大麦、互动娱乐（前身为阿里游戏）四大板块，因为"优酷、阿里影业、大麦、互动娱乐彼此之间的依存性更强，市场竞争力也最强"。

阿里大文娱的止损策略是通过迅速收缩，从全面进攻转为重点进攻，丢掉一些短期内无望复兴的牌，将手中最强的牌实现高效结合。

止损只是重生的第一步，合适的止损后策略是一套组合拳，既需要管理者有果断的决策力，又需要管理者有落地的执行力。

本章核心观点

1. 及时止损往往是撕裂到没有其他办法时的最好办法。

在撕裂的巨大风险下，不知止损、不愿止损和不会止损是企业家固执前行背后的三大原因。
2. 止损力，是指在遭遇撕裂困境时果断停止、迅速调整以避免更大损失的决断能力和勇气。
3. 止损决策不仅需要勇气，更需要方法。通常有六种止损决策方法：个人直觉法、简单指标法、时间节点法、逆向判断法、预估时间法、S 曲线法。
4. 止损后企业有三种策略可选择：一是清零，二是激活休克鱼，三是快速收缩。

07
第七章

修复力：弥合撕裂

> 衡量一个人成功的标志，不是看他登到的顶峰的高度，而是看他跌到低谷后的反弹力。
>
> ——巴顿

当撕裂不可避免时，我们只能直面它，并想办法修复它。这个时候，我们必须具备一种"正面刚"的硬核能力：修复力。

修复的实质是应急性进化

2021年4月清华大学110周年校庆，有同门弟子相聚并举办闭门论坛。其间，在谈到美国对中国的技术封锁话题时，其导师说了这样一句话："人们往往觉得美国等西方国家面对复杂难题时的修复力越来越弱，但在我看来，它们的修复力其实在变强，超出人们的想象，对此要清醒。"

听闻此言，我们顿时被"修复力"这三个字所吸引。国家的发展需要修复力，企业和个人更需要直面撕裂，并进行修复。

那么，修复力是什么？

修复的字面含义是修补进而恢复。然而，对于企业来说，单纯恢复还远远不够，更重要的是自身的进化。

修复力是企业在出现裂痕后的一种应急性的行动能力和进化能力，是出现问题后的一种自我反省、及时调整并解决问题的能力。所以，这是一种"事后"能力，与未雨绸缪的"事前"能力并不相同。

我们经常说要"未雨绸缪"，但真正能做到未雨绸缪的人极少——那是天赋、直觉与无数阅历长期积累的产物。对于大多数人来说，我们更能具备的是撕裂后的修复力。

然而，修复裂痕又谈何容易，它首先要求有勇气和信心，其次要有方法论，最后还要能实现进化。

修复裂痕需要有勇气和自信，需要实现心态的巨大转变。

当一对情侣之间出现裂痕时，往往需要其中一方有修复关系的勇气，能放下架子主动求和，否则只会一直僵持下去。当一家企业或创业公司遇到内部或外部撕裂时，如果管理层只是一味逃避或相互责怪，而缺乏直面问题的勇气，就只会让裂痕越来越大。

当然还有一种情况，就是众人都能直面问题但缺乏足够的信心，这最终也会让裂痕愈加扩大。能否具备足够的信心，是由企业在成长过程中长期形成的气质和文化所决定的，甚至是由创始人的个性所决定的。

当年阿里巴巴内部有很多反对研发阿里云的声音，有人甚至直接跟马云说负责阿里云项目的王坚"是个骗子，你别听他瞎扯"。在各种非议声中，阿里云事业部的员工有一大半离职或转岗。面对公司内网上的一条条质疑帖，马云不得不在帖子后回复"请相信博士（王坚），给他一点时间"。

然而这没什么用，争吵依旧，部门间的冲突也持续升级。即便在这种情况下，几乎众叛亲离的王坚仍然得到了马云的无条件支持，马云对众人斩钉截铁地说："王坚说他知道大数据的方向，我信任他。如果撞墙了，这钱打水漂了，我花得起，这是战略……我每年给阿里云投10亿元，投个十年，做不出来再说。"此话一出，一切平息。

看上去这是一种以创始人个人魅力来修复撕裂的"强势"方法，但在很多情况下，这就是最好的方法。于是，这就引出另一个话题：修复需要什么样的方法论。

从哪里修复，怎么修复，这就是修复的方法论。事实上，一家企业在成长过程中，有很多修复方法可以用，并无定式，关键要看撕裂的具体情况。有的企业需要推倒重来、壮士断腕才能修复，有的则只需要调整优化就可以搞定；有的企业必须用外来力量解决内部矛盾，有的则只需要组织资源的重组。

马云在阿里云撕裂中用到的强势修复方法，我们不妨称之为"降维打击法"。乔布斯用一种"回归初心式修复"的方法解决了苹果发展之惑，马化腾面对 QQ 遇到的瓶颈采用了"自我颠覆式修复"，海尔用"内创业修复"来解决当下与未来之间的撕裂。有的企业采用"空降兵修复"来解决内部矛盾，更有企业采用"批评与自我批评"进行组织修复。

不论怎样，修复的核心都是一种"内生修复"。只有从内部弥合撕裂、解决问题，才是王道。这就是修复的方向。本书无法穷尽所有修复撕裂的方法，只总结几种可行的方法。

最后，修复的实质是进化，而不是原地踏步。

如果修复不能给企业带来进化，那么就是白费功夫。换句话说，这就是常见的"修而不复"。有的人多年后再见，你会发现他一切照旧，而有的人几日不见，你便觉得他功力倍增。企业的进化和个人的进化一样。所以，判断企业是否具备修复撕裂的方法，便要看它是否实现了进化，是否真正解决了问题而不再重犯。除此之外，别无他法。

接下来，我们就看一看四种常见的修复方法：空降兵修复、内创业修复、自我颠覆式修复、回归初心式修复。

空降兵修复

在商界里经常能看到一种奇怪的现象：创始人被赶出自己创立的公司。乔布斯被赶过，徐小平被赶过，我们熟悉的一位创始人在 2019 年也差点被赶出去……若非董事会与创始人的冲突累积到一定程度，绝难出现这种情况。

1985 年，由于销量大幅下滑，再加上乔布斯本人过于自信、不尊重同事、随意修改公司制度等，苹果 CEO 斯卡利提出免除乔布斯的职位，否则自己辞职。最后的结果是董事会站在了斯卡利这一边，乔布斯极力挣扎却无济于事。面对众叛亲离的场面，乔布斯哭着摔门而去。

2001 年，时任新东方副总裁和联合创始人的徐小平在公司做出股份制改革的决定后，也被赶出了董事会。在 2018 年西安全球创投峰会上，他在回忆起这段往事时说："现在想想（当时被赶出董事会）很悲壮，我像乔布斯一样被赶出了董事会。"

尽管乔布斯离开了几年后又回到苹果，徐小平出去转了一圈后也回到新东方，然而，毫无疑问，这种撕裂已经到了剑拔弩张的地步。怎么修复？

有一种方法，不妨一试，那就是"空降兵修复"。

来看一个真实的创业修复故事——某连锁餐饮公司创始人差点被架空甚至被赶下董事长和 CEO 的位子，而后又反转的故事。

第七章 修复力：弥合撕裂

2013年，一位爱吃的小伙子L，凭借对连锁餐饮的乐观判断，创立了一家水饺连锁企业。

初创的头5年，靠着对水饺的精细化研发、产业链上下游的整合和自有生产基地的建设，这家企业从只有1家门店，发展到有近200家门店，同时获得了国内头部金融机构的青睐，拿到了数轮融资，成为业内的小明星企业。

然而，危机总是在你最安逸的时候悄然而至。

2019年，猪肉价格疯涨让这家餐饮连锁企业面临前所未有的供应链危机——饺子出厂时价格出现了倒挂。换句话说，饺子的生产成本高于售卖给门店的价格，整个供应链体系的扭曲导致经营不正常。虽然该企业采用了多种方法来应对，包括控制生产成本、转产牛肉水饺和鸡肉水饺等，但仍然无法摆脱销售业绩下滑、门店扩张停滞等困境。

每年8月是该企业董事会召开会议的日子。在2019年的会议上，创始人L遭遇了创立企业以来最严厉的批评。会议开始后10分钟，没等他讲完PPT，有一名董事（股东）在看到财报的经营业绩指标后率先发难："经营这么差，营业额下降这么多，一定是管理出了问题，管理层的能力不行！"

此话一出，众人的焦点开始转移。此后的将近2个小时，基本都是对L的质疑以及对企业内部管理的吐槽。现场气氛愈加紧张。

开到下午4点，会议上半场结束，进入中场休息。有人建议除了 L 和董事们外，其余人退场，下半场要开闭门会。

10 分钟后，会议继续召开，参会者只剩下 6 个人。下半场的氛围更加紧张，批评更为激烈。

有人很快提出："找个新的 CEO 或合伙人来救场。"这无异于要免除 L 的 CEO 职位！

于是，董事们分成三派：倒 L 派、中立派、挺 L 派。倒 L 派的观点很明确，L 能力不行，赶紧换人。中立派默默不语，静观事态发展。挺 L 派则据理力争。L 早先极力要求留下来的几个董事，在此时发挥了关键作用，否则"后果不堪设想"。

董事与创始人之间的撕裂，影响的不是企业的某个方面，而是整个企业生存和发展的根基。剑拔弩张，用来形容这种时刻最恰当不过了。

L 从未遇到过这种情况，当时就"有点蒙"。虽然很想辩驳，但他一直压着，安静地听董事们的意见。

但是，退无可退，必须做出回应。

在会议行将结束时，L 对董事们的提议"先应着"，他没有拒绝那位想找新 CEO 的董事的建议，甚至在会后还专门飞去见了那位董事推荐的 CEO 人选，但所有这一切"需要一个周期"。

这个周期，正好给了 L 一个寻找空降兵来修复他和董事们之间的裂痕的机会。

W 是业内的大牛，拥有带领两家企业上市的不凡经历。事实上，在董事会召开会议前，L 就一直在邀请 W 加盟自己的企业。董事会会议上的遭遇让 L 更加坚定了自己的信念，一定要把 W 请出山：一方面让董事们无话可说，另一方面仍然能按自己的想法发展企业。自己的企业，一定要牢牢控制在自己手里。

经过 L 三顾茅庐式的不懈努力，2019 年 10 月，W 点头同意加盟，出任企业副董事长兼执行董事。

此时，董事会内再无人有异议——既然请到了这么牛的人，还有什么可说的？用一位知名投资人的话来说："能把 W 挖来，这真是太戏剧性了！"

回过头看，L 处理这件事的逻辑并不复杂："你找 CEO 我不拒绝，但我要找一个更牛的人当 CEO，以彻底解决此事。"

这就是空降兵修复。

为什么空降兵能解决问题？

原因至少有两点：一是空降兵不受内部错综复杂关系的影响，可以用全新和客观的视角审视企业，更能看得清企业的优缺点；二是空降兵往往有在其他企业的经历和成功经验，通过移植成功经验可以迅速解决问题。

当然，还有一种空降兵，不是新兵，而是老兵。联想创始人柳传志在把接力棒交给杨元庆后，当企业面临危机时，柳传志两度出山力挽狂澜。毫无疑问，柳传志在退下来后更能清楚地看到联想的全貌，再加上他的经验与战略判断，能很快将公司引入正轨。

当然，空降兵修复并非万能的，它也可能存在风险。最大的风险就是看上去在短时间内解决了表面问题，却没有从根本上彻底解决实质性问题，导致在长期内存在更大的风险。更有一些被寄予厚望的空降兵从头到尾也没有帮企业解决任何问题，反倒带来更多麻烦甚至撕裂。

如果非要从管理学的角度来分析空降兵修复，可以这么来理解：**当内部修复撕裂的成本过高时，就要借助外部力量**。"成本过高"还有另外一个意思，就是无解。当内部无解时，就要借助外力让组织达到新的平衡。

看到这，你是不是想到一个词叫"降维打击"？没错，空降兵修复就是一种降维打击，因为它往往需要那些外部站得更高的人"降"到企业来解决问题。但它更是一种"换维"打击：换一种思路，换一套方法，换一个维度来解决问题。

一家想用空降兵来修复内部撕裂的企业，必须满足两个条件：一是能找到合适的空降兵，二是能请得来这个空降兵。

再回过头来看 L 的故事。通过空降兵修复，董事们和创始人 L、管理层之间取得了一个不错的"折中"结果，L 请到了他最想请的人，董事们也暂时找到了心理上的寄托。我们姑且不论这次风波究竟是因内部管理问题而起，还是猪瘟造的孽，投资人和创始人之间的关系，绝不只是简单的"利害冲突"，它背后隐藏的永远是人性中的善与恶的较量、感性与理性的角力、忍耐与爆发的平衡。修复它,永远是一场狙击与反狙击的精妙斗争。

内创业修复

2020年1月4日下午,我们在北京亚运村住所旁的一家咖啡馆,接待了来自河南洛阳偃师的69岁乡镇企业家杨总。杨总是一家工业塑料袋加工企业的创始人,做了22年内创业,把企业做到了全行业第一。那天下午,我们本来只跟他约定聊1个小时,没想到一口气聊了4个半小时。因为一来我们听不懂杨总说的河南话,必须由他的助理翻译;二来杨总对内创业的思考和实践让我们觉得他就是中国内创业的活标本,想跟他多聊一聊。

杨总所从事的行业是很传统的制造业,用原有模式做了多年才赚了300万元,这让他觉得"必须寻找新模式,否则就是死路一条"。在发展过程中,杨总遇到两个严重的问题:一是人心涣散,人才流失严重;二是效益低下,企业濒临倒闭。企业倒闭就是最大的撕裂,这也是几乎所有中国传统制造业企业都会面临的问题。怎么办?万般无奈之下,杨总选择了内创业来自救。

杨总的做法并不复杂,就是把原来自己名下的车间卖给车间主任和骨干成员,让这些人拥有车间的所有权和经营权(如果没有本金，可以先由企业借给他们），母体企业成为一个服务平台，这便是最传统意义上的内创业。有了这样一条措施，原来懈怠的员工开始变得像创业者一样思考问题，活力被彻底激发，效益迅速提升。一年后，有一个车间盈利90万元，不仅还清了买车间的借款，还净赚40万元。后来，越来越多的车间开始模仿，企业效益迅速改善。然而，由于各车间生产的是同质化产品，相互之间的恶性竞争开始显现。于是，杨总又升级了内创业做法，他让各车间之间相互参股，形成一种互相绑定和支持的利益生态体，同时成立了内部股权交易所来处理股权交易、退股等事宜。应杨总的请求，我们给这种做法起了个名字叫"股权生态"。股权生态的做法，让企业内部各车间、支撑部门和管理部门的人员均有机会成为股东，共同推动企业健康发展和良性循环，把原来的撕裂弥合、变小。

不仅是传统制造业企业，高科技企业也会面临同样的人才流失和活力不足问题。曾有一家生物医药企业的负责人问我们是否知道他最怕什么人，我们猜了好几次都未能猜中。他说："我最怕企业里掌握了核心技术又出去创业跟我做同样事情的人。"原来，在我们去他的企业前三个月，他的企业已经连续走了三位生物医药专业的博士，他们纷纷离开去独立创业，即便给他们高薪也根本留不住——这些技术人才手里都有专利，都想给自己干。痛定思痛，这位负责人采用了内创业的方法：让核心技术人才在园区里注册成立内创业企业，给予其股份，企业提供全方位的产业链服务支持,双方共同推动有前途的项目产业化落地。半年后,我们再次见到这位老总并询问相关情况,他说:"至少没有核心技术人才再离开了。"

人才大量流失是当今老板们心中无法言语的痛,想留又留不住是一种真正的内心撕裂。任正非曾经说过,"企业的核心能力不是人才本身,而是企业保有和培养人才的能力"。总结下来,**内创业修复的第一个作用是能够修复组织活力,帮助企业留住人才。**

除了修复组织活力,内创业还能修复当下业务惯性与未来企业方向间的撕裂。当今企业都在讲转型升级,但大量企业并不知道该往哪里转型,怎么升级,整日苦恼,撕裂严重。原因很简单,这个世界变化太快了,只有不断试错才可能找到新的方向。传统的并购、内部研发、产学研联盟等转型方法的成本高、风险大、效率低,越来越不适应当前时代的需要,怎么办?一个可行方法就是内创业。

很多人看不懂海尔的海创汇和"小微创业",其实这些都是让全球创客为海尔寻找未来出路的转型升级新方法或新手段。张瑞敏不止一次地公开说:"我就是要全球的创客帮海尔看未来方向。"他还说过"海尔不再是出产品的,而是出创客的",意思是通过创客先进行试错孵化,找到方向后,再由海尔大规模跟进投入。除了海尔,美的、TCL、长虹等家电巨头以及其他制造业企业也都在推动内创业。

我们曾去过一家全球领先的机械设备制造企业，在跟其创投部负责人座谈时，该负责人说："我们现在不能像之前一样大把砸钱在某个方向上，因为现在技术变化太快了，真的搞不清楚会往哪个方向发展。不再是领导一拍板投哪个方向就投哪个方向，好多东西只能让小团队去试错……让小团队试错的成本并不高。"另一家汽车企业运营部老总也说过类似的话："我们为什么要搞内部孵化？因为现在新技术太多了，不管是跨领域的还是本领域的新技术，都层出不穷，我们至少要跟上而不要落伍……怎么跟上呢？传统的方式不太行，内部创业孵化，让创客们去试是一条重要的路。说不定我们就能从中挖到新的业务，发现企业未来发展的新路。"

所以，当前一批中国知名制造业企业，都在运用内创业孵化的方法帮企业寻找未来方向，这并非偶然。**这是内创业修复的第二个作用：帮助企业寻找未来方向，推动企业转型。**

如何实现主业快速扩张是很多企业主面临的一个问题。如果采用传统方式扩张，就是找死，而不扩张就是等死。比如，餐饮业的传统扩张方式就是连锁加盟，但扩张后往往会出现品质难把控、运营模式走样、文化价值观冲突等一系列问题。内创业是近些年兴起的一种新的企业扩张方式。西贝莜面村探索出一种用内创业实现快速扩张的新方式：在全国各地设立创业分部，让自己的后厨或店长去各地开店，给予其40%的股份，前6个月的成本由企业承担，对做得不好的店，企业会收回其

"经营牌照"。这种做法让员工像创业者一样去组建团队、开疆拓土，想尽办法提升服务品质，而不再是简单地充当传统的职业经理人。西贝莜面村原是内蒙古的一家乡村小店，到2020年年底，已成为拥有近400家门店、年营收超50亿元的餐饮集团。

海底捞采用"师徒制"找到了一个扩张新店的靠谱方式。首先，建立新的激励机制，师傅的工资收入中有一大部分来自徒弟店和徒孙店，远多于其自己店的收入。其次，A级店店长有资格让有潜力的徒弟选新址、开新店，该A级店店长要倾囊相助：一是帮助选择好的开店位置；二是帮助徒弟店提升评级，以早日带徒孙。这种方式让海底捞实现了稳定而有活力的内生式增长。

总结一下，**这是内创业修复的第三个作用：帮助企业实现主业快速扩张**。当传统扩张方式失效时，企业老板们不妨大胆试试内创业。

很多企业既有雄厚的技术积累，也想推动科技成果产业化，却面临两大困境：一是缺乏足够的人手把技术优势转化为产业优势，二是缺乏合适的方法快速推动科技成果产业化。在这种背景下，不少企业探索出了内创业的方法。大唐网络是大唐电信集团下的首批混改试点单位，企业内部拥有一批已研发出的民生产业互联网技术储备，却缺乏相关人员把这些技术产品化和线上化。于是，大唐网络开始从外部招一些有想法的创客，通过为这些创客提供数据资源包和技术资源模块，让他们来推动技术的孵化落地和产业化。大唐网络的"天天系"项目很大程度上就是这么来的。

这对企业有个重要启发：除了在传统封闭的内部研发体系、产学研合作之外，还有一种新玩法，就是通过内创业实现企业科技成果的转化落地。

此外，还有一些科技企业为拓展新业务，直接从外部吸引优秀科学家和高端技术人才，让他们成立内创业公司来实现科技成果转化。比如有着中国激光第一股之称的华工科技，就采用了这种方法，而闫大鹏就是一个成功样本。

闫大鹏是长期在美国工作的国际激光领域知名专家，研究领域是光纤激光器。他看到了国内光纤激光器产业化和市场化的前景，与此同时，华工科技也正愁找不着合适的领军人才。双方一拍即合，闫大鹏辞去了美国的工作，卖掉了房子和车子，举家搬往武汉，开始创业。

闫大鹏借了一些钱凑足1020万元，再用自己的技术入股，与华工科技合资成立了锐科激光的前身——武汉锐科光纤激光器技术有限公司，专门从事大功率光纤激光器及其元器件在中国的国产化和产业化研究。公司注册资本6000万元，华工科技方面由其全资子公司武汉华工激光工程有限公司两次出资共3000万元，闫大鹏和华工科技各自持股50%。公司取名"锐科"，意为"锐意进取、科技创新"。

然而，让一个科学家转变为一个创业企业家，远没有想象中那么容易。科学家懂技术，却不懂怎么进行生产、开拓市场和管理企业。这个时候，华工科技成熟的产业链体系和管理经验，就为科学家的内创业公司提供了全面而关键的平台资源和专业服务。在闫大鹏落户武汉后，华工科技除了为他提供常规的科研经费支持外，还以"合作商"和"产品用户"的双重身份，给予闫大鹏三项独有的内创业支持。第一，提供两年的订单，帮助打磨产品、迭代技术；第二，提供技术团队和生产团队，实现科研成果快速产品化；第三，提供知识产权和行业标准服务。这三项独特的支持加快了科技成果产业化的速度。

锐科的国产光纤激光器进入市场，一举打破了国外企业在光纤激光器领域的垄断，也直接拉低了进口产品的价格。以往美国生产的 20 瓦脉冲激光器售价为 15 万元，而锐科激光生产的售价为 1.2 万元，并且性能完全与国外产品相当。

2018 年 6 月，锐科激光在深圳证券交易所创业板挂牌上市，上市后共获 15 个涨停板，收盘价最高曾达到 216.8 元，是发行价 38.11 元的 5 倍多。锐科激光上市时，作为创始人，总工程师闫大鹏是公司第二大股东，持股 10.61%，闫大鹏之妻刘笑澜持股 0.21%，股价上涨使二人身价倍增。

除了以上所述，**内创业修复还有一个作用，就是帮助企业落地创新文化**。创新文化绝不是一句口号，但要真正落地并非易事，通过发文件、领导讲话、简单模仿等都很难"造"出创新文化。创新文化的理念与落地之间的撕裂是企业家当下最难解决的撕裂,因为绝大多数人对什么是创新文化,以及如何用创新文化推动企业发展一头雾水。创新文化至少有两个内涵:一是允许失败,二是鼓励创意。

内创业的优势,恰恰是给企业内部人员提供去做他们自己想做的事情的机会,单这一条就足以调动他们内心最深处的积极性和创造性,激发企业的创新文化。创新文化一点不虚,它可以带来创造性的产品,我们熟悉的钉钉、闲鱼,以及搜狗拼音输入法,并非马云或王小川在公司头一年的年度计划里提出来的,而是下面的产品经理在上一个产品开发失败后,根据公司实际情况和需求变动进行调整优化的结果。这就是一种允许失败和试错的创新文化,只有这种文化才能真正让有价值的创意冒出来并生根落地。一位老总曾这样说:"创新文化是一种既让人感觉轻松,又让人有想把智慧贡献给公司的内在冲动的文化。员工既敢想也敢做,而不是想想就算了,更不是缩手缩脚。"

写了这么多,总结一下:内创业不只是一种眼睛向内看的思维,更是一种用创业方法来解决企业困惑与修复撕裂的落地手段。但内创业并无定式,找到最适合解决企业自身问题的具体方式,才是内创业修复的关键。

自我颠覆式修复

在了解自我颠覆式修复之前,不妨先回答一个问题:当某个产品已经成为你公司的主导产品并且是"现金牛"时，你有勇气放弃甚至颠覆它吗？

相信大多数企业家不会。显而易见，很少有人会放弃赚钱的产品或项目去另起炉灶。

然而，有人却看到了其中的隐患并为此忧心忡忡，甚至非常纠结，最后导致企业内部出现巨大的撕裂。这种撕裂是一种看不见却可倾覆大厦根基的撕裂，是一种潜在的后果极其严重的撕裂。商业史上这种故事屡见不鲜，不同企业的选择不同：有的企业选择了保守，最终走向毁灭；有的企业选择了自我革命，最终成功重生。

腾讯和 IBM 都干过"自我革命"的事。

2010 年前，通信软件 QQ 便已有了 6.8 亿个用户，可谓如日中天，很多 60 后、70 后就是当年最早的一批 QQ 用户。一般人会觉得马化腾完全可以高枕无忧了，公司内部很多高管也觉得开发一款跟 QQ 类似的新产品有些多余，内部撕裂骤现。然而，虽然 QQ 很成功，可谓"天下无双"，但马化腾心里一直不安稳，总觉得会有一款产品把 QQ 干掉。

为什么会有这样的不安？

要想搞清楚一家通过自我颠覆来修复撕裂的企业，应将它放在当时的历史环境中去复盘。

2010 年 6 月，苹果公司发布了 iPhone 4 手机，虽然价格昂贵，但其经典的设计、性能的提升和人性化的使用，使得该手机一经推出，订单便如雪片般飞来，引领众人快速进入智能手机时代。

小米紧随苹果，于 2011 年发布了第一款手机，同样打着智能的旗号，不仅收获了大量的"米粉"，也让更多厂商进入智能手机行业。这些事共同指向一个大趋势：以 PC 为基础的互联网时代，开始向基于智能手机的移动互联网时代快速转变。

在这样一个时代，人们有两个需求：一是希望沟通可以随时随地进行，而且软件的注册、登录、使用都应该是大道至简的，而不是冗余烦琐的；二是希望有一个全新的免费 App 能替代传统手机端费用昂贵的短信。这两个不可阻挡的需求，预示着微信一定会诞生，只是它不一定叫微信，也不一定由腾讯做出来而已。

人们总说，不要与趋势为敌，而要顺应大势。虽然道理都懂，但到了真要大转变的时候，尤其是那些曾经的王者，却不见得能真正顺应趋势。

马化腾从这一趋势中看到了 QQ 的问题。作为社交聊天工具，QQ 主要根植于 PC 端，是 PC 互联网的产物。虽然腾讯针对移动互联网也推出了手机端 App，但其极为臃肿和烦琐，很难真正适应移动互联网。

更重要的是，已经有一大批嗅到气味的厂商推出了针对移动互联网的 App，飞信就是当年的一个代表。

飞信由中国移动推出。事实上，在 2007 年，中国移动就颇具先见之明地推出了可以免费发手机短信这一功能。飞信在推出后的 3 年时间里，积累了大量用户，颇有挑战 QQ 之势。但可惜的是，中国移动只开放了自身用户之间的免费短信，跨运营商的短信仍要收费。这一规则直接导致飞信遭遇天花板，同时也由于它缺乏持续创新能力，正好给了微信诞生和发展的机会。

没错，任何一个新产品在发展早期都要有一个市场缝隙能钻进去，否则纵有天大本事也难以施展。如果飞信当时更具有市场化意识、开放的心态，更贴近用户需求，恐怕就没微信什么事了。

除了飞信外，当时小米也在 MIUI 中开发了"米聊"，并积累了一批"米粉"。但小米当时只是模仿中国移动给用户提供一个免费发短信的功能，并没有想将此作为一个大的移动互联网业务或 IM 软件来做，这又给了微信一个诞生和发展的良机。

与此同时，国外厂商针对移动互联网社交软件的研发如火如荼：简单得不能再简单的手机聊天软件 Kik Messenger，在 15 天内吸引了 100 万个用户；WhatsApp 采用了"手机号＋验证码"的简单注册登录方式，每天的下载量达到 1 万次。这些爆发式的数据，让后来被称为"微信之父"的张小龙看了，心里只有两个字"着急"。

情急之下，他给马化腾主动写了封信，建议腾讯快速做一款类似 Kik Messenger 的产品，这正好与马化腾的想法不谋而合。于是马化腾在腾讯内部采用了赛马式的开发模式，同时让深圳、广州和成都的三个团队做同一件事，谁先开发出优秀的产品就用谁的——这种方法看上去是浪费资源，实则是用一种内部竞赛和充分放权的方式加速产品的研发迭代。

最终，胜出的是广州的张小龙团队，后来经过多次升级优化，就有了当前我们用的微信。

然而，在同一家公司推出两款功能大量重复甚至具有正面竞争性的产品，绝没有想象中那么简单。产品间的撕裂成为要弥合的下一个任务。要弥合两款产品之间的撕裂，企业一把手不仅要有强大的自信和果断的决策力，更要有强力的手腕。

一开始，微信的功能确实太普通，只能发文字短信和短语音。也正是在这个时候，马化腾开始动用 QQ 的资源支持微信发展，要求 QQ 事业部每天推送 500 万次微信，让 QQ 用户直接体验微信。一款新产品最难的是在"冷启动"的早期阶段，如何送达用户让其体验，使其从原来的产品转移到新产品上。

试想，如果你是 QQ 事业部的负责人，会对马化腾的这种做法怎么想？"没法干了"恐怕是最常见的回答。的确如此，这样的推广确实让微信获得了第一批种子用户，但 QQ 的使用量也随之降低，业务出现下滑，QQ 事业部总经理越来越难办。

马化腾仍然选择坚定地支持微信，他对 QQ 事业部总经理说了这样的话："如果我今天不选择自杀，可能明天就会遭到他杀。自杀叫重生，他杀叫淘汰。你说我干还是不干？"

最终，QQ事业部总经理辞职，QQ与微信之间的撕裂故事暂告一段落。截至2020年年底，微信月活跃用户为12.1亿个，涵盖老中青三代，每天有7.8亿人进入朋友圈，微信的估值超过1万亿元人民币。

如果你问微信会不会被其他产品替代，回答是：它一定会被替代，也一定会遇到下一个撕裂，如果仍然是内部替代，关键就在于怎么弥合撕裂。毫无疑问，马化腾是一个敢自我革命的人，进一步说，他是一个懂得如何用自我革命来弥合内部撕裂的创始人。

从微信的例子可以看出，**自我颠覆式修复需要至少具备两个条件：一是战略远见，二是执行力。**

在腾讯用自我颠覆逼出微信这个伟大产品后的十年里，我们在2020年遇到了另外一家行业龙头企业——南孚电池，它正面临转型的撕裂阵痛和迷茫。

说起南孚电池，大家应该一点也不陌生，几乎每个中国家庭都用过它的五号或七号电池。作为传统的一次性碱性电池制造企业，截至2019年年底，南孚电池的产品连续28年在中国销量第一。然而，在二次电池（可充电电池）成为主流的今天，南孚电池必须做出一个艰难抉择：是继续发展一次性碱性电池，还是进入二次电池新领域。

尤其是南孚电池的管理层，已经真切感受到了自己的产品被替代的现实威胁。"一个简单的例子,很多遥控器都开始声控了,未来大家不用电池了怎么办?更别说现在二次电池大行其道……"一位核心高管这样说。在一般人看来,一家公司的管理层大可不必去颠覆自己的优势产品,只需要按照原来的路径做好本职工作,拿职业经理人该拿的薪酬即可。然而,守旧与创新间的斗争和撕裂每天都在上演。

更重要的是,公司股东因为南孚电池有稳定的现金流和较高的利润率而不大乐意让公司去创新。股东和管理层出现矛盾,通常有两种情况:当你干得不行时,股东想换掉你;当你干得太好时,股东又不想让你去搞创新。修复这种撕裂,既要坚持创新,又要让股东满意,很难用常规的方法解决。

然而,变革终会发生,必须做出改变。对危机的敏感和创新的本能,最终让南孚电池管理层开始采用一种自我颠覆的方法推动变革:全力推进一批内部创业项目,进行二次电池新技术的研发探索,并采用一些方法保证股东的利益。

之所以将南孚电池的这次变革称为"自我颠覆",原因很简单,二次电池的技术路线、配套材料、产线管理、客户对象等都与之前熟悉的一次性碱性电池有很大区别。此外,还有诸多竞争对手早已盯上这块肥肉,南孚电池并没有什么实质性的优势。从原来熟悉的产品生态到构建一个全新的产品生态,风险巨大,只有具备破釜沉舟的勇气才能做出这样的决定。

南孚电池管理层让我们提一些建议,我们的回答很明确:

"此时不改,更待何时。依托南孚电池的品牌影响力,通过内创业进行试错,用开放创新进行整合优化,全力进军二次电池和周边产品。这看上去是一种自我颠覆,其实是一种重生。"

无独有偶,在微信出现前的十年,IBM 也经历了类似的"自我革命"。在 20 世纪,蓝色巨人 IBM 一直是 PC 硬件世界里的王者,当年经典的蓝色 IBM 标成为高品质、高可靠性 PC 机和笔记本电脑的象征。然而,从 20 世纪末开始,IBM 加速转向服务业务,并逐步将硬件业务出售,数据可以说明一切:1993 年,IBM 的服务业务收入比重仅为 15.48%;2003 年,IBM 的服务业务收入比重升至 47.83%;2005 年 IBM 服务业务收入比重变成了 52%。此后,服务业务收入连年上升,成为 IBM 主要的收入来源。

2004 年 12 月 8 日,联想集团召开新闻发布会,宣布收购 IBM 公司 PC 业务部门。彼时,很多人对此欢呼鼓舞,甚至有人高呼"IBM 垮了,美国衰落了"。事实上,当时 IBM 的 PC 业务依旧红火,仍能创造可观的利润,但它正在边缘化,利润也逐渐变薄,正如其核心高管所言:"消费者需要的是一体化的解决方案,而不只是一个硬件,我们要跟微软和英特尔竞争,就必须集中精力。"

于是,人们就目睹了 IBM 将曾称霸天下的拳头业务卖给中国企业的一幕。也是在 2004 年这一年,IBM 在新的电脑硬件专利申请方面,数量降到了几乎为零。

多年以后，人们再去对比 IBM 和联想的发展时才发现，当时 IBM 自我颠覆式的举动是如此正确。2018 年，IBM 在信息技术服务方面的收入比重飙升至 81%，力压微软和英特尔，成为全球最大的信息技术和业务解决方案公司。

多年前我们也接触过一家颠覆自身设备优势、转向系统集成服务的本土物流设备上市公司——天奇股份。当年天奇股份已经是国内物流装备行业的龙头，但与日本和德国同行领先企业相比，仍处在价值链底端，利润率偏低。当时公司内部有两种意见：一种意见是继续坚守熟悉的装备业务，不折腾；另一种意见是必须转向价值链顶端，做系统集成商。两种意见分歧很大，让决策者颇为挠头。

最终，董事长果断拍板，转型为系统集成商。事实证明，这次战略转型是成功的。

当断不断，必受其乱。当颠覆不颠覆，则必受其苦。柯达公司当年坚守传统照相技术，而没有发挥自己首创数码照相技术的先发优势，最终被淘汰出局，就是明证——看似偶然，实则必然。

当一个产品达到顶峰时，就离衰败不远了。在当下的辉煌与未来的隐忧之间，存在一种最容易被忽略的"撕裂"。可怕的是，这种隐性撕裂经常是在暗夜里慢慢发展的，让你在看似光明的日子里最终感受到寒意。当然，现实中更多的情况是，即便你已经意识到了，也很难真正下决心去自我颠覆。相比于被逼到绝路上才被动转型，主动地自我颠覆是最好的修复方法。千万不要等内部撕裂发展到不可调和的地步，千万不要将自己逼到"船大难掉头"的境地，否则，一切为时已晚。

对幸福现状怀有深深的忧虑，真正做到居安思危，是每个企业老板和管理者都必须迈过去的一道坎。敢于自我颠覆，敢于变革重生，更是必须学会的功课。

回归初心式修复

支撑一个人奋力前行的是什么？是梦想，而不是得过且过。驱动一家企业始终沿正轨发展的是什么？是初心，而不仅仅是赚钱。初心，是企业创立之初的使命，它往往是企业留给社会的一种印记，更是社会对企业认可的标志。当一家企业因偏离初心而生出各种内外部撕裂甚至濒临倒闭时，只有依靠初心才能把它拉回正轨。

在全球华人圈享有盛誉的老干妈在2017年遭遇了滑坡，这一年创始人陶华碧正好70岁。2016年，老干妈销售收入创历史新高，达45.49亿元人民币，陶华碧本人也以75亿元财富位列胡润百富榜的473位。此时，她选择了隐退江湖，将企业交给了两个儿子。

然而，看似顺利交接班的家族企业，却因为两个儿子的一项贸然改变而陷入困境。出于节约成本的考虑，李妙行和李贵山哥俩将原来一直用的贵州辣椒改成了便宜的河南辣椒，随之老干妈辣酱的口味也发生了变化，消费者开始不买账。陶华碧时代强调的是"产品为王"，这让消费者不论在世界哪个角落都不忘带上一瓶老干妈辣酱。口味的变化、品质的下降，让社会上的各种负面舆论开始发酵。

2017年，企业内部管理也出现了问题。离职员工泄露了老干妈辣酱的原始配方，企业损失了1000多万元。屋漏偏逢连阴雨，2019年，老厂区的一场大火又让老干妈损失了1/3的产能。此时，大批竞争对手出现，饭爷、虎邦等新生品牌对老干妈形成巨大冲击。

偏离初心的后果直接反映在业绩上：2017年老干妈销售收入下滑到44.47亿元；2018年收入再次下滑至43.89亿元，市场占有率仅为3.6%，低于海天和李锦记。

在这种内外交困的情况下，陶华碧不得不重出江湖，她的根本措施就是回归初心——让老干妈回到它本来的样子。

什么是老干妈本来的样子？创业初期，"好吃"是老干妈的第一竞争力，老干妈辣酱本身的品质是俘获大众的最强"撒手锏"。

事实就是这样，规律就是如此，然而不少企业在赚了些钱、有了一定品牌影响力后却忘了这个最朴素的道理。这不禁让人想起，2014年前后曾流行过一阵互联网餐饮概念，企业顶着新概念到处拿融资、做宣传……但餐饮行业最重要的是什么?"好吃"永远都是第一位的。多少曾靠炒作概念辉煌一时的互联网餐饮品牌如今已荡然无存,就是明证。

陶华碧干的第一件事,也是最重要的一件事,便是将老干妈辣酱的原料重新换回贵州辣椒,同时重新研发老干妈辣酱的配方。此外,陶华碧还顺应时代发展和消费者心理,开始投放广告和跨界营销。2019 年 9 月,陶华碧表示将加强老干妈品牌文化建设,并不断加大产品研发力度。

一系列组合拳下来,老干妈成功止损,重新赢得消费者的心,这直接体现在业绩上:2019 年老干妈销售收入达 50.23 亿元,同比增长 14.45%;2020 年销售收入达 54.00 亿元,同比增长 7.51%,创历史新高,国内市场覆盖率超过 96%。

回归初心式修复的第一条路径,便是创始人回归。创始人的初心,就是企业的初心。只有回归了初心,才能达成共识,才能统一思想,才能实现上下同欲。

与陶华碧一样,乔布斯当年也用自己的初心拯救了还有 90 天就要破产的苹果。

1996 年,苹果陷入危机,市场占有率从 20% 滑落到 5%,老对手微软开始获得比苹果更多的新电脑用户;1997 年 6 月,苹果亏损达到 16 亿美元,濒临倒闭。

濒临倒闭,一定是一家企业面临的最大撕裂之一。

此前,苹果一直关注电脑而较少关注消费电子产品,时任开发主管的加西认为不应该销售低端低利润的产品,于是不断提高产品售价，导致销售一路下滑。此后，虽然更换了CEO，但销售依然疲软。更重要的是，虽然投入了几十亿美元进行研发，但产品非常分散，缺乏创新。乔布斯当年接受采访时就指出："苹果是一家基于创新的公司，它本来比任何公司都领先十年，但问题是苹果后来一直原地不动……差距在不断缩小，特别是与微软之间。"

万般无奈之下，当初把乔布斯赶出去的董事会，不得已把他请了回来担任CEO。

回到苹果后，乔布斯重新扛起创新的大旗——当年创立苹果的初心就是成就一家伟大的科技创新公司。更重要的是，乔布斯长期研究禅学，这让他在战略方向和产品设计上形成了一种"极简主义"——他并不听信市场调研或集体决策，而是听从内心的直觉和灵感。人们越来越发现，禅修带给乔布斯的是一种洞见本质的能力、对事物专注的能力、对简洁的热爱。乔布斯生前唯一授权的传记作者沃尔特·艾萨克森在《乔布斯传》中这样写道："禅修磨炼了他对直觉的欣赏能力，教会他如何过滤掉任何分散精力或不必要的事情，在他身上培养出了一种基于至简主义的审美观。"

"创新+极简"的初心，让乔布斯开始在产品上大做减法。他向全公司传达了一个理念：决定不做什么，跟决定做什么一样重要。他跟几十个产品团队开会，结果显示当时苹果的产品线非常分散，比如单是麦金塔什（Macintosh）就有好几个版本，每个版本还有一堆让人不解的编码。这么多产品在乔布斯眼中大多数都是垃圾。他问了所有人一个简单的问题："我该让我的朋友们买哪些产品？"但没有人能给他一个简单的答案。

于是，乔布斯大刀阔斧砍掉了 70% 的产品。然而，剩下的 30% 仍然太多。乔布斯终于在一次产品战略会上发飙，当场给众人画了一个简单的产品矩阵：横轴是"消费级"和"专业级"，纵轴是"台式"和"便携"，这就形成了四个格。他告诉大家："我们的目标就是做四个伟大的产品，每格一个。"在说服董事会后，苹果按照乔布斯的思路，集中全部力量研发了 Power Macintosh G3、Powerbook G3、iMac、iBook 四款产品。

"创新+极简"的效果很快显现，苹果从 1997 年的亏损 10.4 亿美元，变成 1998 年的盈利 3.09 亿美元，起死回生。

乔布斯相信通过内心的直觉和明悟，能够找到一条终极的产品之道。他基于冥想而来的产品，包括 iPod、iPhone、iMac、iPad 等，也一再被市场证明是明智、正确的。这些产品有一个最鲜明的特点就是简约——最简洁的外观、最简单的操控方式、最直指人心的功能设计。乔布斯的极简初心，不仅是战略的"简"，也是产品线的"简"，更是产品设计的"简"。

与乔布斯的"简"相反，不少企业正在把自己搞得越来越烦琐，也越来越背离初心。

中国市场经济发展到今天，不少企业开始寻求通过并购迅速扩展业务、扩大规模，看似在高速发展，实则给自己埋下了一颗大雷。

并购的实质是做加法，这无可厚非，但很多企业热衷于追随市场热点跨界并购，也就是不相关多元化扩张，往往搞得自己害了主业、亏了副业，最后一地鸡毛。

2020年11月9日，曾经辉煌一时的暴风集团A股退市。回想2015年公司上市时风光无限，冯鑫也趁着资本追捧和市值上涨之际提出全球DT大娱乐战略，开始通过跨界并购持续扩张。然而，压死公司的最后一根稻草，就是对MPS公司的海外并购。

很多公司盲目跨界并购重组的目的看似简单，要么是追随热点和热门产业，要么是寄希望于实现战略转型，但大多带着"赌博"心态——运气好了还行，一旦选错方向，再加上管理不善、技术不精，就必然偏离创立公司的初心，代价惨痛。因为新的行业往往意味着新的规则、技术、运营、人才和能力、政策、市场，气场合不合，套路对不对，与原来的主业协不协同，都深刻影响着并购效果。

有趣的是，小时候大家都喝过的"维维豆奶"的生产商维维股份，也经历了跨界并购后回归初心这一幕。2020年8月，维维股份宣布出售所持的枝江酒业71%股权，宣告公司回归主业。维维股份在2000年上市后便开始大举开展多元化扩张，迅速扩张至乳业、房地产、白酒、生物制药、茶业、矿产、粮油等多个领域，但多元化经营并未起到"1+1>2"的效果，甚至连"1+1=2"都未达到,反而给公司带来诸多负担。痛定思痛,维维股份重新将主业聚焦于豆奶和粮食两大领域,经营表现也逐步回归正轨。

教育和游戏产业曾一度成为市场追捧的热点,各类公司的触角开始伸向这两个行业。有一家以陶瓷为主业的上市公司从 2015 年开始布局教育,收购了多家市场化教育机构,试图形成"陶瓷＋教育"的双主业发展模式。然而好景不长,2019 年该公司与旗下收购的两家教育机构开始相互指责,裂痕越来越大,不但业务没有增长,原本期待的双赢还变成了无休止的内耗。

随着宏观环境的变化,监管层开始加大力度遏制跟风式、炒作概念式和盲目追求热点的跨界并购重组,同时鼓励企业"脱虚向实",众多企业负责人在碰壁后也必须重拾发展初心。

这便是回归初心式修复的第二条路径,拒绝盲目扩张,聚焦主业和本业。

当然,也有企业始终聚焦主业,仍会出现因利益诱惑而偏离初心的情况。小米在创立 5 年后就遇到了这种情况。

2015 年下半年,小米开始增加广告,于是外部出现了一些批评小米的声音,认为小米背离了自己的初心。2016 年上半年批评最密集时,小米员工天天要监控舆情,内部也扛不住压力,便有了各种反思:小米还是不是为发烧友而生,还是否坚持用户体验至上?

雷军在上大学期间第一次创业时，就想着创办一家与众不同的世界级企业。2010年，雷军在创立小米时，将做消费者用得起的好产品作为初心。换句话说，他要做一个"真正造福用户的品牌"。

对于此次事件处理方式的表达，雷军用了"矫枉过正"这个词，他让内部相关部门"收一收"。于是部门负责人问雷军，我们可以放弃多少额度的广告。雷军说，4亿元，没问题，这笔钱不用赚了。同期，小米手机出货量恰好遭遇下滑，但当用户体验与商业化发生明显冲突时，雷军依然坚持不赚快钱。在小米"以用户为中心"的利他主义不是墙上的风景画，而是深入骨髓的价值观。

"利他思维，是一切营销的核心。"这句话，知道的人很多，但能做到的人很少，而且往往需要在付出巨大的撕裂代价之后才能真正体会。

拒绝利益诱惑，是回归初心式修复的第三条路径。

最后一条回归初心式修复的路径，就是内部教育和整风，尤其是在企业遭遇违背初心的极端事件后。近些年不少互联网企业在做大后出现各种问题，社会负面舆论非常强烈，企业也在冷静之后进行自我反思和内部整风，这种故事层出不穷，就不再赘述。

不管哪一家企业，初心一定有两个层面：一个是商业层面，以赚钱盈利为目标；另一个是社会层面，以国家利益和社会福利为目标。要想修复撕裂，就必须从商业层面提升到社会层面，否则最后只有撕裂到底，无法修复。

记住，越在艰难时，越在迷茫时，就越要回归初心，这才是最好的修复良药。

本章核心观点

1. 修复力是企业在出现裂痕后的一种应急性的行动能力和进化能力，是出现问题后的一种自我反省、及时调整并解决问题的能力。
2. 修复撕裂的方法通常有四种：空降兵修复、内创业修复、自我颠覆式修复、回归初心式修复。采用哪种方法，取决于企业撕裂的具体情况。
3. 空降兵修复的实质是当内部修复撕裂的成本过高时，通过借助外部力量进行"降维打击"，利用新的方法让组织达到新的平衡。
4. 内创业修复的实质是用创业方法来解决企业困惑与修复撕裂。
5. 自我颠覆式修复的实质是在企业过得好的时候，通过"自我革命"来修复巨大隐形撕裂，这是企业在创新与守旧之间的斗争，是在当下辉煌与未来隐忧之间的抉择。

> 6. 回归初心式修复的实质是通过回归初心达成共识、统一思想，实现上下同欲。回归初心式修复有四条路径：创始人回归、拒绝盲目扩张、拒绝利益诱惑、内部教育和整风。

后记

人类是反撕裂进化的产物

> 我相信进步,同时又十分相信人类具有决定幸福的能力。
>
> ——海涅

人类作为万物之灵,不仅是自然进化的伟大产物,更是社会进化的伟大产物。在人类发展的历史进程中,撕裂与反撕裂两股力量的相互碰撞、对冲、消解一直是推动社会前行的重要动力。同时,人类作为独特的历史存在,天然具有主动进取的精神,正是通过直面撕裂、忍受撕裂、弥合撕裂,挑战超越困苦,持续进化成长,人类才不断迈向更高水平的自我和谐、人际和谐、社会和谐的新境界。

自我进化：提升能力与心性

对于每一个人而言，撕裂与反撕裂绝对是一次难得的自我进化过程。自古以来，凡是做成大事的智者圣贤、英雄豪杰，都经历了很多外部的磨难和内心的撕裂，而正是因为这些磨难和撕裂，才造就了一批又一批不畏困难、勇毅前行的伟大人物。

司马迁说："盖文王拘而演《周易》；仲尼厄而作《春秋》；屈原放逐，乃赋《离骚》；左丘失明，厥有《国语》；孙子膑脚，《兵法》修列；不韦迁蜀，世传《吕览》；韩非囚秦，《说难》《孤愤》。"明代大儒王阳明身陷牢狱之灾，流放边远地带，蒙受诽谤诬陷，但他一没抱怨，二没颓废，反而把各种困境和苦难变成修行道场，创立了影响深远的心学，成为"三不朽"的古今完人。尼采说："那些杀不死你的，终将使你更强大。"**这个世界上，有两种东西让人觉醒，一是真理，二是苦难**。真理可以使你回归本质，而苦难可以使你的灵魂升华。可以说，撕裂就是人经历的各种苦难的重要组成部分，反撕裂就是要从撕裂之苦中跳出来，拓展人生的新边界。在反撕裂的过程中，至少可能产生两个方面的效应。

一方面是能力提升效应。

一个人能力的提升往往是在最痛苦的时候发生的。一个人之所以出现撕裂，就是因为在生活和工作中遇到了很多新的问题和挑战，一时找不到解决的方法，导致焦虑和痛苦。反撕裂的过程，正是一个不断试错和解决问题的过程，往往会激发自身的很多潜能，甚至一些自己都没有意识到的能力。比如，当一个人因利益分配或价值观冲突等问题而身处极度撕裂之中时，就不得不深入思考如何处理和应对，就会提出不同的解决方案，并于反复权衡利弊后做出选择。当妥善处理好这一问题时，就积累了实际经验，增加了知识储备，提升了解决这类问题的能力。

另一方面是心性提升效应。

艰难困苦，也是对心性的最好磨砺。正如《孟子·告子下》中所言："故天将降大任于是人也，必先苦其心志，劳其筋骨，饿其体肤，空乏其身，行拂乱其所为，所以动心忍性，曾益其所不能。"稻盛和夫也曾经说过："在波澜壮阔的平生中，我们在遭遇和应对各类景况的过程中提拔心性，锤炼人格，这才是人生的目的。"当你经历一定的撕裂和痛苦时，只有尽量做到不紧张、不急躁、不愤怒，让内心更加安静坚定，你才能更加深刻地反思自己的问题，才会倒逼自己进行纠正调整。**当你一次又一次在撕裂中检验自己的判断，一次又一次在反省中提升认知时，你的心态将越来越稳定。**那些撕裂和磨难，也真正融入你的身体，成为财富的源泉和生命的滋养。

总之，真正从痛苦和撕裂中挣扎过来的人是无须受教的，他们天然会在反撕裂中体验和学会一切，实现能力和心性的双提升，最终自省自悟，破茧成蝶，成为更好的自己。

人际进化：塑造群体凝聚力

我们每一个人都不是生活在荒岛上，社会性仍然是重要属性。无论对个体还是组织而言，建立一个良性的人际关系都是非常关键的。从个体成长来看，人际关系是每个人的生活和工作的重要组成部分。每个人都有自己的人际关系，而且这种关系通常复杂多变，唯有妥善处理好这种关系，才有机会赢得更多的资源支持，获得更大的发展空间。从组织成长来看，任何一个组织的生存发展，都离不开群体的力量，如果没有人与人之间的和谐关系，就难以形成组织的强大凝聚力。

一般而言，人际关系的状态大致可以分为以下几类。**第一类是以自我为中心的状态**。世界和他人都围绕自己来运转，把自己关注的中心当成别人关注的中心，当发现别人没跟自己保持一致时，内心会深感挫折，甚至撕裂。**第二类是迁就别人的状态**。遇到挫折就开始去迁就别人，觉得别人的评价、赞许、关心、愤怒都是很重要的事情，会因为没法满足别人的愿望而内心纠结。**第三类是和谐互动的状态**。能理解他人，也尊重自己，不受别人的限制，也不限制别人的自由，彼此之间有更多的心灵默契、真诚交流和良性互动。

当前，伴随着经济的高速发展、生活节奏的不断加快、社会竞争的日益激烈，个人主义、拜金主义、享乐主义、消费主义等思潮不断涌现，大多数的人际关系普遍处于第一阶段。许多人只关心自己的利益，不关心社会和他人的利益，有些人为了自己的利益甚至牺牲他人的利益，人与人之间的信任度、关爱度下降，猜忌防范心理加重，传统的因血缘、亲情、乡邻等原因形成的熟人关系逐渐淡化，人与人交往的功利性增强，这也是导致内心撕裂的重要原因。

反撕裂的过程，在很大程度上也是重塑组织人际关系的过程。一方面，它可以加深人际关系。个体和组织的反撕裂行动，会从不同维度增加人际关系的深度。当双方为弥合撕裂进行多次商讨或者谈判的时候，必定会充分挖掘相关信息，有针对性地进行分析和论证，这是一种关于利益需求的深度社交。一个人为修复与他人的关系，会更加认识到并尊重他人的个体性和独特性，更加注重从对方立场来理解和思考问题。这种共同解决撕裂的过程，就会自然而然地促进双方的了解，增加彼此的信任。另一方面，它可以拓展人际关系的广度。反撕裂的过程可以让我们拓展认知边界，建立更多的外部链接，获得更多的外部力量和资源。

通过修复撕裂的人际关系，我们将在实现群己和谐的路上不断进步，积累更多的社会资本，获得更大的社会化生存空间。

社会进化：迈向命运共同体

从更宏观的视角来看，反撕裂既是推动人类历史不断发展的重要力量，也是人类应对未来不确定性和共同挑战的必然要求。纵观人类历史，撕裂与反撕裂是一对始终存在的矛盾。

一方面，争夺资源和利益的战争从未停止，部落之间、种族之间、宗教之间的杀戮不断发生，瘟疫、饥荒以及各类自然灾害频繁出现，导致人类社会出现经常性撕裂。

另一方面，撕裂也会成为再生、转折、超越的契机。为了平息纷争，弥合撕裂，凝聚共识，人们不断探索新的社会治理理念，实行新的治理机制和模式，进而推动人类社会不断向前发展。比如，中国古代的《礼记·礼运》提出了"小康""大同"的社会构想；《春秋公羊传》提出了"三世说"，即人类社会发展从"据乱世"进入相对平和稳定的"升平世"，再到"太平世"。在西方，柏拉图、亚里士多德提出了"城邦共同体"，认为单纯生物意义上的人和动物并没有区别，只有加入城邦这个共同体中生活，人们才能彼此合作、实现至善。卢梭提出了"契约共同体"，认为共同体不可能依靠家庭和村落的自然发展来形成，好的社会制度把"我"转移到共同体中去，以便使各个人不再把自己看作一个独立的人，而只看作共同体的一部分。

第二次世界大战后，一些欧洲国家为实现和解，构建统一市场体系，成立了欧洲经济共同体，后来发展成欧洲联盟。以上种种，都是人类为反撕裂而进行的理论思考和实践探索。

进入21世纪以来，人类社会又面临一系列新的撕裂和挑战。美国"9·11"事件、波士顿恐袭，欧洲难民潮、苏联解体后东欧的民族分裂，以及中东地带常年因民族问题而导致的战火纷飞，各种冲突、对抗层出不穷。地球作为人类共有的家园正在被人类自己撕裂，粮食、矿产资源、气候、人口、环境、疾病等各类全球性挑战还在不断显现。单边主义、保护主义大行其道，罔顾国际法和国际秩序，破坏国家间的基本信任，不确定性、不稳定性带来的不安全感延伸到国际关系的方方面面。

近年来，新冠肺炎疫情肆虐全球，无情地阻断人际交往，撕裂人间亲情。如今，人类面临的挑战的全球性更加突出，不管是疫情防控，还是推动经济复苏，不管是实现碳达峰、碳中和目标，还是维护世界安全和稳定，各国越来越清醒地认识到，没有哪一个国家能够独善其身，唯有团结合作才能走出困局。

站在历史的十字路口，人类社会迫切需要一个主动应对撕裂、促进世界融合发展的新方案，迫切需要构建一个更加合理的多边主义国际新秩序。习近平总书记创造性地提出了"构建人类命运共同体"的理念，正是顺应这一时代潮流和发展需求的重要选择。这一理念超越了种族、文化、国家和意识形态的界限，注重建设更加平等、更加包容、更加可持续的世界，注重将全人类"共赢"与各国自主发展紧密结合，是人类文明形态的新方向。我们期待，在这一理念的引导下，各种撕裂问题将大幅减少，个体将更加健康、理性，组织将更加充满活力和韧性，国家将更加繁荣发展，人类社会将拥有更加美好的未来。

好的反撕裂，是内心挣扎后的放松与喜悦，是组织蜕变后的成长与活力四射，是社会成熟后的坦然与欣欣向荣。

在莱昂纳德·科恩（Leonard Cohen）的 *Anthem* 里有一句歌词："There is a crack in everything, that's how the light gets in."它的意思是"万物皆有裂痕，那才是光进来的地方"。允许撕裂发生，接受它，面对它，你能收获更多！是为后记。

作者
2022.4 于京

参考文献

[1] 亨廷顿. 变化社会中的政治秩序［M］. 王冠华，等译. 北京：生活·读书·新知三联书店，1989.
[2] 德鲁克. 管理的实践［M］. 齐若兰，译. 北京：机械工业出版社，2018.
[3] 斯隆. 我在通用汽车的岁月［M］. 刘昕，译. 北京：华夏出版社，2017.
[4] 加迪斯. 论大战略［M］. 臧博，崔传刚，译. 北京：中信出版社，2019.
[5] 克劳塞维茨. 战争论［M］. 孙志新，译. 北京：北京联合出版公司，2014.
[6] 皮凯蒂. 21世纪资本论［M］. 巴曙松，等译. 北京：中信出版社，2014.
[7] 李志刚. 创京东：刘强东亲述创业之路［M］. 北京：中信出版社，2015.
[8] 孙武. 孙子兵法［M］. 郭化若，今译. 上海：上海古籍出版社，2006.
[9] 蔺雷，吴家喜. 反败资本［M］. 北京：机械工业出版社，2020.
[10] 程亚文. 经济全球化、利益疏离与政治撕裂——当代世界经济政治的新转折［J］. 外交评论（外交学院学报），2019（06）：62-90.
[11] 李晓. 全球化分裂：成因、未来及对策［J］. 世界经济研究，2018（03）：3-5.

[12] 王亚晶. 当历史照进现实：美利坚的进击与撕裂［J］. 记者观察，2021（03）：108-112.

[13] 刘卫东. 美国国内政治：大选和疫情折射深刻撕裂［J］. 世界知识，2020（12）：25-26.

[14] 罗会德. 美国社会分化和撕裂的深层根源［J］. 红旗文稿，2018（03）：35-36.

[15] 蒋先明. 欧洲撕裂，前路荆棘［J］. 清华金融评论，2016（09）：109-112.

[16] 周兼明. 观念撕裂是严重的社会问题［J］. 领导决策信息，2017（05）：6.

[17] 《中国发展观察》杂志社、《南方农村报》社联合调研组，张倪，杨良敏，等. 温氏"教科书"：股份合作、利益纽带和共富理想——一个农牧业公司的领军之路［J］. 中国发展观察，2019（13）：32-38.

[18] 胡海波，吴照云. 基于君子文化的中国式管理模式：德胜洋楼的案例研究［J］. 当代财经，2015（04）：66-75.

[19] 呈祥. 经济K型复苏成因及影响探析［J］. 经济界，2021（09）：52-58.

[20] 沙敏. 雷士照明控制权之争对创业者的启示［J］. 现代企业，2015（09）：58-59.

[21] 王桂花. 简析沃尔玛与宝洁公司的商业关系从破裂到实现共赢的实例及启示［J］. 对外经贸实务，2014（12）：77-79.

[22] 筱珠. 融合文化 探索创新 致力公益——阳光保险集团企业文化发展纪实［J］. 上海保险，2013（02）：39-41.

[23] 拉哈，徐庆超. 欧洲撕裂的记忆、认知的不一致及文明地处理历史问题的挑战［J］. 国际社会科学杂志（中文版），2010（03）：77-83.

[24] 龚灿. 被撕裂的欧洲［J］. 看世界，2015（19）：13-16.

[25] 王钦，贺俊. 我国企业成长力分析的理论基础和指标体系构建［J］. 经济管理，2008（05）：90-96.

［26］苗兆光. 小米生态链布局及其模式价值［J］. 中国工业和信息化，2019（04）：92-96.

［27］王书灵，季翔宇. 柯达破产对企业战略转型带来的启示［J］. 管理观察，2012（15）：3-4.

［28］吕一博，韩少杰，苏敬勤. 企业组织惯性的表现架构：来源、维度与显现路径［J］. 中国工业经济，2016（10）：144-160.

［29］彭剑锋. 组织无变革不成长［J］. 企业文化（上旬刊），2021（08）：16-19.

［30］张长征，李怀祖. 组织冗余对企业知识管理能力的影响研究［J］. 科学学与科学技术管理，2008（10）：108-112.

［31］庄晨燕. 南非民族和解的经验与挑战［J］. 世界民族，2013（12）：13-23.

［32］苗贵山. 马克思恩格斯"两个和解"思想及其共同体伦理意蕴［J］. 伦理学研究，2021（01）：13-20.

［33］王高阳. 与宿敌为友：国家间和解的政治经济学［J］. 国际安全研究，2021（11）：104-130.

［34］何云峰. 人类相互和解的必要性、主要障碍和共识基础——新冠肺炎疫情肆虐全球的哲学思考［J］. 中南民族大学学报（人文社会科学版），2020（07）：156-161.

［35］冯仑. 民营企业如何与社会和解？［J］. 财富，2011（05）：10-11.

［36］刘建强. 大漠民主风云录——阿拉善SEE生态协会成立前夜的故事［J］. 中国企业家，2005（06）：106-109.

［37］苏西. 阿拉善SEE生态协会荒漠里的慈善实验［J］. 绿色中国A版，2009（11）：53-55.

［38］谢世清，陈方诺. 农村小额贷款模式探究——以格莱珉银行为例［J］. 宏观经济研究，2017（01）：148-155.

［39］张佳栋. 由格莱珉银行的成功看尤努斯的金融伦理思想［J］. 传承（学术理论版），2009（02）：150-151.

［40］杨有振，油晓峰. 企业考核莫以成败论英雄——止损及时也是成功［J］. 中国外汇，2006（04）：20.

[41] 段海艳,李一凡,康淑娟."紧缩"还是"复苏"? 衰退企业业绩逆转的战略选择?[J]. 科学学与科学技术管理,2020(09):84-104.

[42] 李丹,李凌羽. 构建人类命运共同体的理论内涵与实践路径研究评析[J]. 理论月刊,2020(01):21-30.

[43] 王晓漪."群""己"价值关系的当代思考[J]. 观察与思考,2013(12):48-52.

商业设计创造组织未来

书号	书名	定价
978-7-111-57906-9	平台革命：改变世界的商业模式	65.00
978-7-111-58979-2	平台时代	49.00
978-7-111-59146-7	回归实体：从传统粗放经营向现代精益经营转型	49.00
978-7-111-54989-5	商业模式新生代（经典重译版）	89.00
978-7-111-51799-3	价值主张设计：如何构建商业模式最重要的环节	85.00
978-7-111-38675-9	商业模式新生代（个人篇）：一张画布重塑你的职业生涯	89.00
978-7-111-38128-0	商业模式的经济解释：深度解构商业模式密码	36.00
978-7-111-53240-8	知识管理如何改变商业模式	40.00
978-7-111-46569-0	透析盈利模式：魏朱商业模式理论延伸	39.00
978-7-111-47929-1	叠加体验：用互联网思维设计商业模式	39.00
978-7-111-55613-8	如何测试商业模式:创业者与管理者在启动精益创业前应该做什么	45.00
978-7-111-58058-4	商业预测：构建企业的未来竞争力	55.00
978-7-111-48032-7	企业转型六项修炼	80.00
978-7-111-47461-6	创新十型	80.00
978-7-111-25445-4	发现商业模式	38.00
978-7-111-30892-8	重构商业模式	36.00

视觉呈现与商业设计完美结合

企业转型六项修炼

作者：许正　ISBN：978-7-111-48032-7　定价：80.00元

移动互联时代企业转型最佳实践指南

创新十型

作者：（美）拉里·基利 等　ISBN：978-7-111-47461-6　定价：80.00元

十种独特的创新类型实现改变游戏规则的有效创新，
领先一步达到持续增长！

精益创业家

作者：（美）布兰特·库珀 等　ISBN：978-7-111-44456-5　定价：79.00元

《精益创业》作者埃里克·莱斯作序推荐，创业者必读

商业模式新生代（个人篇）：一张画布重塑你的职业生涯

作者：（美）蒂姆·克拉克 等　ISBN：978-7-111-38675-9　定价：89.00元

教你正确认识自我价值，并快速制定出超乎想象的人生规划

商业模式新生代

作者：（瑞士）亚历山大·奥斯特瓦德 等　SBN：978-7-111-35221-1　定价：88.00元

出版人杂志·新浪2011年最佳经管类图书，
蓝狮子2011年十大最佳图书

商业设计创造组织未来

书号	书名	定价
978-7-111-57906-9	平台革命：改变世界的商业模式	65.00
978-7-111-58979-2	平台时代	49.00
978-7-111-59146-7	回归实体：从传统粗放经营向现代精益经营转型	49.00
978-7-111-54989-5	商业模式新生代（经典重译版）	89.00
978-7-111-51799-3	价值主张设计：如何构建商业模式最重要的环节	85.00
978-7-111-38675-9	商业模式新生代（个人篇）：一张画布重塑你的职业生涯	89.00
978-7-111-38128-0	商业模式的经济解释：深度解构商业模式密码	36.00
978-7-111-53240-8	知识管理如何改变商业模式	40.00
978-7-111-46569-0	透析盈利模式：魏朱商业模式理论延伸	39.00
978-7-111-47929-1	叠加体验：用互联网思维设计商业模式	39.00
978-7-111-55613-8	如何测试商业模式：创业者与管理者在启动精益创业前应该做什么	45.00
978-7-111-58058-4	商业预测：构建企业的未来竞争力	55.00
978-7-111-48032-7	企业转型六项修炼	80.00
978-7-111-47461-6	创新十型	80.00
978-7-111-25445-4	发现商业模式	38.00
978-7-111-30892-8	重构商业模式	36.00

视觉呈现与商业设计完美结合

企业转型六项修炼
作者：许正 ISBN：978-7-111-48032-7 定价：80.00元

移动互联时代企业转型最佳实践指南

创新十型
作者：（美）拉里·基利 等 ISBN：978-7-111-47461-6 定价：80.00元

十种独特的创新类型实现改变游戏规则的有效创新，领先一步达到持续增长！

精益创业家
作者：（美）布兰特·库珀 等 ISBN：978-7-111-44456-5 定价：79.00元

《精益创业》作者埃里克·莱斯作序推荐，创业者必读

商业模式新生代（个人篇）：一张画布重塑你的职业生涯
作者：（美）蒂姆·克拉克 等 ISBN：978-7-111-38675-9 定价：89.00元

教你正确认识自我价值，并快速制定出超乎想象的人生规划

商业模式新生代
作者：（瑞士）亚历山大·奥斯特瓦德 等 SBN：978-7-111-35221-1 定价：88.00元

出版人杂志·新浪2011年最佳经管类图书，蓝狮子2011年十大最佳图书